APPUNTI DI DIRITTO CANONICO

Graziano D'Urso

2020

Appunti di Diritto Canonico

© 2020 Graziano D'Urso

Lulu.com, Morrisville, NC.

ISBN: 978-0-244-26702-5

INTRODUZIONE

Questo libro vuole essere una raccolta di lezioni di diritto canonico in forma di appunti. Un testo suddiviso in diciassette lezioni trascritte nell'a.a. 2010/2011 presso la facoltà di Giurisprudenza dell'Università degli Studi di Catania.

Il curatore pertanto declina ogni responsabilità per il contenuto e la correttezza scientifica delle lezioni.

Febbraio 2020

1. Ordinamento Giuridico

Il Diritto Canonico è l'ordinamento giuridico della Chiesa: l'insieme degli elementi giuridici che caratterizzano la vita della Chiesa in quanto essa non è una società puramente spirituale ed in quanto società ha un suo ordinamento ed una sua formazione. La Chiesa è una realtà spirituale ma anche umana. La Chiesa fondata da Cristo è profondamente umana ma anche profondamente spirituale, come Cristo. Il concilio vaticano secondo si è concluso nel 1965 emanando il *lumen gentium* con il quale volevasi descrivere la società cristiana fondata da Cristo: l'ecclesia. La Chiesa è una sola spirituale e terrena allo stesso tempo in quanto basata su Cristo: perfetto Dio e perfetto Uomo. Vi sono logicamente delle unioni tra spirituale e terreno. Il Diritto è quindi non solo terreno ma anche divino, spirituale. La Chiesa come società nel mondo ha anche un suo diritto, è anche un ordinamento giuridico. La Chiesa, come uno Stato, ha un ordinamento in quanto non solo gli Stati hanno gli ordinamenti: regioni, comunità, università, sport, etc.

La Chiesa agisce pure sugli ordinamenti politici (al di là della Città del Vaticano) degli Stati di tutto il mondo, agisce nelle comunità, etc. La Chiesa ha sempre avuto questa consapevolezza di produrre diritto, di essere ordinamento in quando il Canonico è un Diritto che si sviluppa da duemila anni. Da quando la Chiesa è sulla terra (30 d.C.) si sviluppa l'ordinamento intersecandosi nei vari diritti storici presenti, ma proseguendo sempre autonomamente. Il Diritto Canonico ha talvolta recepito istituti da altri diritti, e viceversa: lo Stato ha recepito istituti del Diritto Canonico, con una continua osmosi tra i vari diritti in quanto il Diritto Canonico vive tra gli Stati. I diritti sono variamente incontrati, così come nel Medioevo: il Diritto Comune era un misto tra Canonico e Civile, e dal giudice veniva applicato arbitrariamente, secondo i casi.

La Chiesa ha emanato norme giuridicamente rilevanti sin dagli atti degli apostoli, in cui si poteva già rilevare una gerarchia ecclesiastica, con un metodo giuridico di trasmissione del potere all'interno della Chiesa (60 d.C.). Ci sono già i primi concili che emanano le prime norme a tutti i fedeli della società cristiana. Il concilio di Gerusalemme[1] ha determinato le norme di comportamento degli uomini nei confronti degli altri uomini con aspetti civili e penali.

Il periodo delle decretali (1100) vedeva atti del Pontefice che davano risposte a domande di vescovi o sacerdoti, etc. Dalla risposta del Pontefice si astrae una regola generale ed astratta che può analogamente

---

[1] Gerusalemme: 70 d.C. Primo concilio ecumenico.

servire ad altri casi. Si iniziano a creare norme astratte partendo dai casi concreti appunto dalle decretali, le quali vengono raccolte in collezioni. Le collezioni vengo raccolte in ordine logico per la prima volta da Graziano[2]. Del decreto di Graziano (*Decretum Gratiani o Concordia*) potevasi trovare una risposta al caso sottoposto, in quanto l'opera fu collazionata per evitare discordanze. La decretale più recente prevaleva su quella più antica, e quella di Graziano servì a rendere concorde, omogeneo, e sistematico il messaggio del Papa. Graziano utilizzò per i suoi testi il Diritto Romano per risolvere taluni problemi, ma il *Decretum Gratiani* non venne utilizzato come Legge vigente. Cento anni dopo Graziano, per opera ed iniziativa dei pontefici, si tentò di raccogliere decretali originali autentiche, attingendo da Graziano e dai pontefici successivi, raccogliendo così una compilazione che si rese ufficiale come legge vigente all'interno della Chiesa. La Chiesa creò il primo Diritto positivo Canonico, ed il giudice avrebbe dovuto far riferimento alla collezione autentica raccolta dal

---

[2] Graziano (Bologna, 10 agosto1145/47) è stato un monaco, maestro di arti liberali e vescovo di Chiusi (probabilmente dal 1126/27), italiano e giurista fondatore del diritto canonico nel periodo medievale, precisamente della prima metà del XII secolo.
Egli è un contemporaneo di Irnerio e di Pietro Abelardo, essendo quest'ultimo il celebre monaco francese, raffinato teologo, autore (tra l'altro) del *Sic et Non*.

Pontefice. Successivamente tutti gli elementi vengono raccolti in una mega collezione ad opera di Gregorio IX nel 1235 con una grande opera di sintesi ed elaborò un nuovo volume chiamato "Decretali di Gregorio IX" che fino al 1917[3] ha retto la Chiesa.

Graziano elaborò la prima raccolta; i pontefici successivi fecero la prima raccolta ufficiale; Gregorio IX operò la megasintesi che resse la Chiesa per secoli (Decretali di Gregorio IX).

Le decretali di Gregorio IX riporta un preambolo che enuclea un principio generale del diritto contenuto nella questione presentata, ordinata per tema; tutti gli argomenti sono stati raccolti logicamente in indice. Le *decretales extra vagantes* di Giovanni XXII sono quelle successive a quelle di Gregorio IX poi raccolte in una nuova compilazione. Un'altra raccolta autentica era il *Liber Sextus* di Bonifacio VIII, in quanto le decretali di Gregorio IX erano cinque. Bonifacio VIII riportò tutte le decretali successive a Gregorio IX.

Queste tre raccolte costituiscono il *Corpus Iuris Canonici*: nel 1500 vennero unificate (in una stessa edizione) non confondendole però. Questo *Corpus* aveva una parte ufficiale (le tre parti unificate) ed una ufficiosa (Decreto di Graziano) che rimase sempre

---

[3] Anno di pubblicazione e promulgazione del primo Codice di Diritto Canonico.

come raccolta privata (come un parere di un giureconsulto al tempo del Diritto Romano). Il *Corpus Iuris Canonici* fu in vigore fino al 1917, ed era il diritto fondamentale della Chiesa anche se Vescovi e Pontefici potevano emanare nuove norme, non contraddicendo mai però il *Corpus Iuris Canonici*.

Nel 1917 fu emanato il primo codice di Diritto Canonico, al pari di altri Stati contemporanei, abbandonando il sistema precedente delle decretali: la Chiesa adottò il sistema codicistico, in cui il diritto era già astratto nel codice, senza casi, senza sentenze, senza decretali. Il sistema doveva essere onnicomprensivo, diviso in vari libri, diviso secondo la formula umanistica, con una divisione di fondo risalente al Diritto Romano, con rifacimenti al Diritto Penale, Civile, Amministrativo, etc. Il codice rimodellò il Diritto Canonico precedente.

Il Codice di Diritto Canonico del 1917 rimase in vigore fino al 1984 in quanto il codice del 1983 entrò in vigore nel 1984 (Prima domenica di avvento). Tale codice venne fuori a seguito del Concilio Vaticano II (1962-1965)[4] andando a modificare profondamente la visione della Chiesa precedente: la modifica interessa la visione gerarchica della Chiesa, che viene orizzontalizzata, e così vista come popolo di Dio,

---

[4] Presieduto da Papa Giovanni Paolo II.

comunità, società. Nel nuovo Codice di Diritto
Canonico vi è un nuovo libro dedicato al popolo di Dio.
La Chiesa acquista quindi dei riflessi giuridici,
trattando i fedeli, e non solo il clero. Entra in vigore
nell'84 il nuovo Codice di Diritto Canonico che
paradossalmente non vale per tutta la Chiesa, in quanto
particolare e non generale: tale Codice vige solo per le
chiese cattoliche occidentali. Nel 1059 con lo scisma
di Fozio le Chiese orientali diventano autocefale non
riconoscendo il Papa (il Vescovo di Roma come capo
della Chiesa). Ma restano delle Chiese orientali che
mantengono il cattolicesimo ma mutano il rito o talune
tradizioni in quanto hanno vissuto fenomeni storici
differenti (elezioni vescovi differenti, rito differente,
etc.). Il Codice di Diritto Canonico non si applica alle
Chiese orientali. Nel 1990 è stato promulgato un
codice di Diritto Canonico che vale solo per le chiese
cattoliche orientali (Codice dei Canoni delle chiese
orientali). La Chiesa ha due codici: Codice di Diritto
Canonico e Codice dei Canoni delle Chiese Orientali.
Quindi bisognerebbe parlare di "codici" di Diritto
Canonico. Nel *Codex Iuri Canonici* non è contenuto
tutto il diritto della Chiesa, ma solo le norme
fondamentali: talune norme di diritto universale, o
diritto particolare possono non essere incluse nel
Codex Iuri Canonici.

2. Differenza tra diritto divino e diritto positivo

I riferimenti fatti nel corso riguarderanno principalmente il codice della Chiesa latina. Questo codice è frutto anche del Concilio Vaticano II, nel documento che ha promulgato il codice Giovanni Paolo II afferma che il codice è la traduzione del concilio, ed è formato da 7 libri:

-1 **norme in generale**

-2 **carta del popolo di dio** fedeli della chiesa, battezzati e alle loro diverse funzioni all'interno della chiesa.

A questo punto il codice si differenzia secondo i successivi tre libri in funzioni della Chiesa:

-3 **insegnare** si dedica al magistero della chiesa.

-4 **santificare** materia dei sacramenti.

-5 **beni temporali della Chiesa**

-6 **sanzioni delle Chiesa** (scomunica, sospensione, interdetto ecc.)

-7 **Diritto Processuale**

Il codice di Diritto Canonico non ha una funzione inclusiva ma vi sono anche altri atti normativi all'interno della Chiesa. La fonte principale del diritto all'interno della Chiesa, la costituzione del Diritto Canonico è, trattandosi di una società soprannaturale, il diritto divino: ossia l'insieme degli elementi giuridici

che hanno Dio per autore e che in quanto tali prendono la qualifica di diritto divino che è il criterio ultimo di legittimità di ogni altra norma. Questo si differenzia in:
- **naturale**: insieme di elementi giuridici che hanno Dio per autore e sono conoscibili da ogni uomo semplicemente utilizzando la ragione in quanto conformi alla stessa natura umana e connaturali alla persona umana. La persona lo conosce applicando la ragione: p.es.: non uccidere, uno può farlo ma si rende conto che uccidere l'innocente è irrazionale mentre è razionale la legittima difesa. Dio li ha promulgati nella stessa natura, nello stesso animo dell'uomo, sono conoscibili alla natura dell'uomo con il solo uso della ragione.
- **positivo**: la differenza rispetto al precedente è sulla forma di promulgazione. Graziano dice: *Quod in lege et evangelio continetur* ossia quello contenuto nel vecchio (46 libri, dalla Genesi ai Maccabei c.a. 100 a. C.) e nel nuovo testamento (27 libri, scritti successivamente alla nascita di Cristo: vangeli, atti degli apostoli, lettere apostoliche in primis di s. paolo. Apocalisse di s. Giovanni apostolo), quello che è rivelato da Dio attraverso le sacre scritture. Ciò che viene rivelato da Dio attraverso la rivelazione contenuta nella sacra scrittura e nella tradizione orale viene rivelata nella tradizione che ha una forma scritta e una orale che ovviamente non si contraddicono.

11

Il diritto positivo è trasmesso sia dalla sacra scrittura che dalla tradizione orale della Chiesa, che è un'interpretazione, uno sviluppo della sacra scrittura. Da un lato la sacra scrittura messa per iscritto per ispirazione dello Spirito Santo da alcuni uomini che hanno seguito il dettato di Dio mettendo per iscritto la sua volontà; d'altra parte la tradizione orale che trasmette integralmente la sacra scrittura anche interpretandola. Il diritto divino positivo è contenuto tanto nell'una quando nell'altra forma. Il diritto è essenzialmente quello contenuto nell'antico testamento e nel nuovo: i dieci comandamenti sono tanto l'uno quanto l'altro perché sono sia verità morali conoscibili da tutti gli uomini sia verità rivelate da Dio nel vecchio testamento perché fosse più facile per l'uomo la conoscibilità di queste norme che sarebbero comunque conoscibili con la ragione, e le interpreta autenticamente.

P.es.: nella tradizione ebraica l'uomo poteva ripudiare la donna, il matrimonio indissolubile creato da dio è diventato dissolubile, istituto del ripudio. Nel nuovo testamento Gesù afferma che questa norma ha avuto valore storico nel momento in cui il popolo ebraico non riusciva a vivere l'indissolubilità del matrimonio, ma questa norma deve essere superata, il matrimonio deve tornare allo stato originale, il matrimonio deve essere indissolubile. Questa indissolubilità torna ad affermarsi in tutta la sua purezza questa è l'interpretazione autentica di Cristo della norma di diritto naturale. Questo è un atto di diritto divino positivo, interpretativo. Quindi il diritto divino positivo si ha anche quando Dio interpreta autenticamente una norma per riaffermare dei principi di diritto divino reinterpretati dall'uomo. Si conferma il contenuto del diritto naturale e permette di conoscerlo meglio.

Quello che interessa la Chiesa è quello positivo. In che modo il diritto divino diventa diritto divino vigente, cogente? Viene promulgato nella nostra natura da Dio, ma il diritto divino positivo, in che modo diventa diritto vincolante? E' necessario un atto di recezione di questo diritto o l'ordinamento automaticamente lo riconosce? A questo punto non possono che sorgere due teorie per rispondere a tali interrogativi:

- **Canonizzazione del diritto divino:** sostenuta da alcuni autori italiani, elaborata dal Del Giudice: è la più sostenuta. Il diritto positivo è vigente all'interno del Diritto Canonico se è recepito formalmente da una norma canonica. La norma dal momento che è recepita dal Diritto Canonico vincola i fedeli. Si ha una formalizzazione in norma canonica del diritto divino: così come il Diritto Civile anche il diritto divino deve essere recepito all'interno della Chiesa con un atto formale. Questa costruzione è senz'altro elegante e intelligente però non rende appieno la natura stessa del diritto divino perché subordina questo ad un atto dell'uomo (recezione formale) tralasciando il dato importantissimo della conoscibilità naturale e del fatto che questo diritto riguardi l'uomo direttamente con Dio, non è necessario un atto.

- non è necessario un atto di canonizzazione per rendere vigente un atto all'interno del Diritto Canonico, semmai può essere importante **positivizzazione della norma di diritto divino,** ossia una sorta di presa di coscienza della norma di diritto divino: quando la Chiesa prende coscienza di una norma di diritto divino questa è vigente all'interno di essa senza necessità di un formale atto di recezione. Ne prende coscienza attraverso il magistero, la tradizione.

P.es.: il potere dei Vescovi, la gerarchia della Chiesa, è gerarchia di diritto divino, istituita da Cristo, Pietro come pontefice e gli apostoli come Vescovi, la Chiesa stessa ha preso coscienza della istituzione gerarchica della Chiesa, e questa non ha avuto bisogno di una formalizzazione. Fin dall'inizio si aveva piena coscienza della figura preminente di Pietro e delle figure che lo coadiuvavano, gli apostoli. Vi fu solo una presa di coscienza da parte dei fedeli che Cristo aveva voluto questa gerarchizzazione. Le normalizzazioni future non hanno reso effettiva questa norma perché questa era già effettiva da principio. Altro esempio, l'ambito del matrimonio che all'interno della Chiesa sin dall'inizio è stato considerato indissolubile, però non vi è nessun atto normativo che stabilisca l'indissolubilità del matrimonio all'inizio, non c'era bisogno di alcuna norma che garantisse l'indissolubilità. Nei secoli si venne formalizzando ma già all'inizio la norma era molto chiara, era una cosa lampante per la coscienza dei fedeli cosa fosse il matrimonio. Quindi secondo la teoria della politicizzazione si ha una presa di coscienza iniziale da parte della comunità senza bisogno della formalizzazione. Altro esempio, il fatto che il compito del pontefice fosse aiutato dallo Spirito Santo e che quindi la sua opinione è infallibile era chiaro anche prima del Concilio Vaticano II nel 1970 quando la norma è stata formalizzata.

Il diritto divino positivo si ha nella Chiesa anche senza nessun positivo atto di posizione. Tutte le norme devono essere poi conformi al diritto divino naturale e positivo.

Il contenuto dei due in parte è identico e in parte si differenzia perché l'area del diritto divino positivo è maggiore di quello naturale. Questo perché il diritto divino naturale riguarda i principi fondamentali conoscibili da ogni persona umana in quanto tale, mentre il diritto divino positivo riguarda solo i fedeli della Chiesa Cattolica, i battezzati. Norme che da un lato riguardano un numero inferiore di persone da un punto di vista quantitativo ma qualitativamente sono in numero superiore. Vi sono norme di diritto positivo che riguardano solo la società ecclesiale (p.es.: io non so per natura che c'è il Papa che è infallibile e i Vescovi) quindi le norme di diritto positivo da un lato ricomprendono il diritto divino naturale dall'altro vanno oltre e riguardano anche la società ecclesiastica, come Chiesa fondata da Cristo, come popolo di Dio: "Ingloba e travalica".

La Chiesa quale appare al Codice di Diritto Canonico appare soprattutto come popolo di Dio. Soprattutto il libro secondo è una vera e propria traduzione del linguaggio canonistico del Concilio Vaticano II, la normativa della Chiesa come è nel libro II trova le sue radici nel Concilio Vaticano II. Il libro secondo *De Populo Dei* trova la sua radice e fonte ultima nel Concilio Vaticano II collegandosi inoltre alla tradizione della Chiesa, come ogni innovazione di essa trova fondamento nel passato, un rinnovamento nel rispetto della tradizione. I principi fondamentali sono:

- **uguaglianza:** (v. Canone 208) la Costituzione *Lumen Gentium* parla anch'essa dell'uguaglianza radicale, fondamentale di tutti i fedeli. In virtù del battesimo tutti quelli che lo hanno ricevuto sono

ugualmente fedeli all'interno della Chiesa ed hanno
tutti medesimi diritti e doveri, ed hanno pari dignità.
Da questo deriva anche il principio di dignità. Questo
perché tutti sono chiamati ad edificare il Corpo di
Cristo, tutti sono Chiesa all'interno della Chiesa,
seppure ognuno lo fa secondo la sua vocazione e
funzione specifica. Tutti hanno la medesima
responsabilità, tutti sono Chiesa. Non si è più o meno
fedeli per la funzione che è attribuita, tutti sono fedeli
allo stesso modo. La Chiesa è composta dai fedeli e i
fedeli sono la Chiesa. Canoni 204 e 205: "mediante il
battesimo una persona è costituita fedele, membro
della Chiesa".
     - **varietà**: da un lato vi è il principio di
uguaglianza, però c'è anche una varietà di funzioni. I
fedeli sono chiamati ad attuare la funzione propria di
ciascuno secondo i doni ricevuti (Can. 204). Da una
lato un principio di uguaglianza che comporta una
comune responsabilità, dall'altra una varietà di
funzioni. Il Canone 204 già introduce insieme al
principio di uguaglianza quello di varietà, da un lato
un'uguaglianza dall'altro ognuno ha compiti e funzioni
diverse sia in rapporto ai doni ricevuti dallo Spirito
Santo, ai diversi carismi di ognuno, sia in rapporto ad
alcune funzioni che vengono distribuite tramite
sacramenti o rapporti giuridici. Ogni fedele è chiamato
ad edificare al Chiesa ma ognuno secondo la sua strada.

Al contempo tutte queste strade sono ugualmente "dignificanti" e ugualmente santificate all'interno della Chiesa e un ulteriore atto di diversificazione: Sacramento o altro atto di natura giuridica, p.es.: è il sacramento che inserisce nella Chiesa, ma la cresima non è necessaria per il matrimonio canonico (Vedi can. 1065). Al paragrafo I viene detto che "i cattolici che non hanno ricevuto il sacramento di confermazione lo ricevano prima del matrimonio se è possibile farlo senza grave incomodo" valutazione di questa condizione a discrezione del prete, è un concetto oggettivo.   Comunque si chiamano canoni e non articoli, canone vuol dire norma, regola. Tutti gli altri atti della Chiesa però sono divisi in articoli e paragrafi per esempio la costituzione apostolica *pastor bonus* di Papa Giovanni Paolo II.

3. Concessione dei Sacramenti

La Chiesa ha una struttura gerarchica che si basa su un principio di uguaglianza complementare ad un principio di diversità che implica l'attribuzione dello Spirito Santo, etc. Questi atti giuridici sono essenzialmente di due tipi: sacramenti, ed altri atti giuridicamente vincolanti.

I Sacramenti sono atti spirituali della Chiesa sulla base dei quali si costruisce la Chiesa secondo S. Tommaso d'Aquino. La vita della Chiesa ha una sua struttura sacramentale. I sacramenti sensibili sono quei segni istituiti da Cristi per far sì che la società cristiana si identifichi con Cristo, in quanto attribuiscono la grazia. Sono dei segni performativi, in quanto realizzano ciò che significano. Nel momento in cui hanno un loro specifico significato attribuiscono questa grazia. Non tutti i sacramenti hanno un significato strettamente gerarchico: tra i sette sacramenti che servono a strutturare gerarchicamente la Chiesa vi è il sacramento dell'ordine. Tale sacramento fa sì che una persona venga istituita sacerdote. L'ordine ha tre gradi: diaconato, presbiterato (sacerdozio), episcopato. Sono tutti passi necessari, e tale ordine è gerarchizzato per permettere una distribuzione di funzioni strettamente connesse all'ordine. Solo mediante il sacramento dell'ordine si possono svolgere talune funzioni, come esercitare il potere spirituale all'interno della Chiesa. La prima differenziazione si ha nel sacramento dell'ordine che permette di distinguere all'interno della Chiesa coloro che non l'hanno ricevuto (laici) e coloro che lo hanno ricevuto (presbitero). Il termine laico all'interno del Diritto Canonico significa battezzato, fedele (e non contrario di cristiano, non è antagonismo). Nella

Chiesa non ci sono solo presbiteri e laici, ma anche religiosi. I religiosi sono quei fedeli che senza aver ricevuto il sacramento dell'ordine si consacrano tramite dei voti o altro tipo di impegno (pubblico o privato) verso la Chiesa offrendo castità, purezza ed obbedienza.

Il **Can.** 207 dice che nella Chiesa vi sono i ministri sacri che nel diritto sono chiamati chierici, gli altri sono chiamati anche laici, dagli uni e dagli altri provengono fedeli uguali con la professioni di consigli evangelici mediante voti sono consacrati a Dio. Il loro stato appartiene alla vita ed alla santità della Chiesa.

Il religioso non fa parte della gerarchia della Chiesa, ma fa parte della sua santità, e della sua vita. Il religioso è quella persona che si è consacrata a Dio una promessa pubblica o mediante un voto di obbedienza (benedettini, gesuiti, francescani, clarisse, domenicani, etc.). Vi sono alcuni ordini (come i francescani) che sono religiosi ordinati, cioè che hanno preso l'ordine.

Lo stato di fedele è unico in comune a tutti, il quale si distingue in tre categorie: laici, religiosi, presbiteri (sacerdoti, o chierici, o ministri sacri, o etc.).

I diaconi permanenti sono quei laici che hanno ricevuto il primo grado del sacramento dell'ordine, con funzione ministeriale e non sacramentale. I Sacerdoti non fanno voto di castità, povertà ed obbedienza (a differenza dei religiosi); l'ordine fa assumere solo l'impegno del celibato (fin dal diaconato).

Presso alcune chiese cattoliche (di rito orientale) i sacerdoti possono sposarsi, quindi la Chiesa Cattolica è molto varia. Questo comune denominatore (fedele) con numeratore diverso (laico, presbitero, religioso), è il rapporto degli individui con la Chiesa: ai diritto e doveri di fedele si aggiungono (o sottraggono) quelli di religioso, presbitero.

Il **Can.** 129 dice che sono abili alla potestà di governo coloro che sono insigniti dell'ordine sacro a norma del diritto. I fedeli laici possono cooperare a norma del diritto. Vi è una stretta connessione tra potestà di ordine e potestà di governo (giurisdizione). Nella Chiesa abitualmente vi sono dei soggetti abilitati a compiere atti di giurisdizione (ordinari); accanto ad essi i laici possono cooperare nell'esercizio del potere di giurisdizione.

Il tribunale ecclesiastico è un tribunale in cui viene esercitato un potere ecclesiastico. I giudici hanno ricevuto il sacramento dell'ordine, ma uno dei membri del collegio può essere anche un laico (ma non il presidente). Il laico può solo cooperare.

Il potere d'ordine abilità alla amministrazione dei sacramenti che si trasmette con l'ordinazione sacerdotale. I ministri del matrimonio sono gli sposi, in quanto il sacerdote è un testimone qualificato della

Chiesa. Il Battesimo può essere amministrato anche da un non sacerdote, anche da un non battezzato (in casi straordinari anche un non battezzato può battezzare in modo lecito): perché, essendo il battesimo sacramento necessario (per la salvezza delle anime), è il primo dei sacramenti e chi lo amministra agisce in nome di Cristo, è Cristo stesso che agisce.

Qualunque persona può amministrare il sacramento del battesimo; il desiderio del battesimo, unito all'impossibilità di riceverlo, concede il battesimo (questione di foro interno, che non può essere provato esternamente), ma terminando il momento di impossibilità, *ad cautelam* si conferisce il battesimo.

Accanto alla potestà d'ordine vi è la potestà di giurisdizione: chi è ordinato può compiere atti di governo all'interno della Chiesa che possono vincolare anche gli altri soggetti. E' necessario anche un atto giuridico che completamente abiliti il soggetto ad amministrare la potestà di giurisdizione: la semplice ordinazione deve essere accompagnata da una legittimazione concreta, atti giuridicamente rilevanti che permettano al ministro sacro di esercitare atti di governo all'interno dell'ordinamento canonico (missione canonica).

La missione canonica viene conferita per legittimare concretamente la potestà giurisdizionale e di governo. La potestà di giurisdizione può essere ordinaria o delegata: quella ordinaria è la potestà annessa ad un ufficio stesso di diritto (quando un Vescovo viene nominato, il conferimento del titolo gli conferisce un annessa potestà giurisdizionale), propria (esercitata in nome propria) e vicaria (annessa ad un ufficio ma esercitata da un soggetto in nome altrui). Ogni Diocesi ha un suo tribunale: giudice ordinario è il Vescovo della Diocesi in quanto gode di potestà ordinaria propria. Però il giudice, che non è Vescovo, emana le sentenze in nome del Vescovo, quindi con potestà ordinaria delegata in quanto vicario.

La potestà di giurisdizione può essere ordinaria o delegata, ed il titolare di un ufficio ecclesiastico può delegare il suo potere e chi riceve il potere lo esercita ma non in nome proprio, ma altrui, e non gode di tutti i poteri (p.es.: come quello di ridelegare). La delega può essere *a iure* (in cui il diritto stesso prevede che si può delegare) o *ab homine* (il diritto non prevede che si deleghi ma il soggetto delega lo stesso). Soggetto abilitato ad assistere al matrimonio è il parroco di uno dei due sposi, ma il parroco può delegare ad altri soggetti (altri sacerdoti, diaconi, vescovi, etc.).

Il diritto all'interno della Chiesa ha una funzione salvifica all'interno della società cristiana: è molto diffusa la "dispensa" che serve a non far osservare una legge che per taluno è particolarmente gravosa: se una norma non giova al bene spirituale di una persona, viene dispensata dalla sua osservanza.

Del Diritto Canonico la riserva mentale ha rilevanza, ed il matrimonio simulato da una sola parte è nullo in quanto ha rilievo anche la volontà interna delle persone, il foro interno.

Appartiene al foro esterno tutto quello che può essere provato, ma la Chiesa ha giurisdizione anche sul foro interno: i Sacramenti.

La confessione non è un atto solo liturgico, ma un atto giuridico, è un vero processo in cui il fedele viene assolto dal sacerdote nel foro interno. La confessione è un atto di giurisdizione. La confessione è un atto giuridicamente rilevante: né il sacerdote, né il penitente possono rilevare quanto detto durante la confessione. Non si può sciogliere il sigillo sacramentale.

Il ministro di culto non è obbligato a rilevare all'ordinamento statale il reato commesso dal penitente rivelato in confessione a meno che il penitente lo liberi dall'obbligo del segreto.

4. Ruolo del Romano Pontefice

Romano Pontefice: figura tipica che rappresenta la Chiesa, un punto di riferimento gerarchico unico. E' l'autorità suprema della chiesa per diritto divino positivo. La disposizione è nel cap.16, 3-19 del Vangelo di S. Matteo, in cui è riportalo l'episodio noto in cui Gesù interroga i discepoli su chi fosse il figlio dell'uomo ed in questa circostanza Simon Pietro viene nominato pontefice. Nei versetti 18-19 vi è il fondamento di questo. Il pontefice è il successore di Pietro che è la figura preminente, il capo degli Apostoli, la Chiesa è fondata sugli Apostoli e al suo capo c'è Pietro, anche sì la Chiesa è stata fondata da Cristo non da Pietro.

Il Pontefice è il Vescovo di Roma, dove si trasferì il centro della Chiesa, Pietro divenne capo della Chiesa di Roma; S. Paolo stesso va a Roma dopo la conversione a parlare con Pietro perché lui era il riferimento. Quello di Pietro non è un ruolo di *primus inter pares* ma è un ruolo di preminenza rispetto agli altri apostoli e il Papa è il successore di Pietro come Pontefice in quanto Vescovo di Roma. In quanto vescovo di Roma è il pastore supremo della Chiesa universale.

Nel testo di S. Matteo vi è un'altra realtà giuridica fondamentale: il Papa è il vicario di Cristo; egli è il rappresentante di Cristo, agisce in nome di Cristo (vedi versetti suddetti "a te darò le chiavi del regno dei cieli e tutto ciò che legherai sulla terra sarà legato nei cieli [...] etc."). Il potere che Cristo dà a Pietro è un potere spirituale, di dirigere le anime con potestà spirituale.

- **Potestà Ordinaria**: pienezza di poteri, che non hanno le altre figura costituzionali all'interno della Chiesa. La Chiesa è caratterizzata dalla pienezza di potere del Pontefice, che non è piena discrezionalità perché c'è il limite del diritto divino. Vi è una dialettica tra pienezza del potere e limite del diritto divino.

- **Potestà Suprema**: La potestà somma (legislativa, esecutiva, giudiziaria) è limitata dal diritto divino; può delegarsi ma il Pontefice ha sempre il potere ultimo perché può sempre revocare e perché ogni atto del pontefice è inoppugnabile, non può essere giudicato da nessun'altra autorità *"prima sede animae iudicatu"*

- **Potestà Universale**: in senso soggettivo perché riguarda tutti e ognuno della Chiesa cattolica; oggettivo in quanto riguarda tutte le materie oggetto del diritto della Chiesa.

- **Potestà Immediata**: non ha né bisogno di autorizzazione né altra autorità per essere esercitata (v. Can. 331)

Il Romano Pontefice può essere qualunque fedele di sesso maschile battezzato in comunione con la

Chiesa Cattolica, anche un laico che deve eventualmente essere consacrato Vescovo (Innocenzo III non era Vescovo, era Diacono). Ma gli atti compiuti del Romano Pontefice tra l'elezione e la consacrazione sono validi? Di solito una volta consacrato riconferma gli atti.

Elezione: il pontefice viene eletto da Cardinali che non abbiano superato gli 80 anni di età e che siano in comunione con la Chiesa Cattolica, restando fermo il punto che qualsiasi fedele di sesso maschile può divenire Papa. (I cardinali vengono "creati" dal Romano Pontefice)

- Can. 332: si ha l'elezione e l'accettazione necessaria del candidato stesso. Se è già Vescovo dal momento dell'accettazione esercita la piena e suprema potestà a capo della Chiesa, se non è Vescovo bisogna attendere la consacrazione.

- I Cardinali che possono partecipare sono massimo centoventi.

- Una volta si è avuta l'accettazione l'ufficio non è soggetto a termine, tranne rinuncia o dichiarata incapacità. Gli altri uffici hanno il termine di settantacinque anni per i quali il pontefice stesso può chiedere che vengano continuate le mansioni. Per la rinuncia del pontefice non si richiede che qualcuno la accetti.

- Per quanto riguarda l'impedimento, si deve dichiarare l'*inabilitas* del Romano Pontefice. In questo caso (per rapimenti vedi Napoleone che l'ha rapito), possono essere compiuti solo atti di ordinaria amministrazione "*nihil innovetur*".

- Quando esercita le sue funzioni di pastore della Chiesa ed esprime la verità riguardante la fede ed i costumi è coperta dal carisma dell'infallibilità. Infatti è sorretto dallo Spirito Santo. Sono poche le volte in cui la esercita, ad esempio l'ultima volta è stato 1950 per il Dogma dell'Assunzione della Madonna. Anche le altre verità del Pontefice devono essere accolte con ossequio dell'intelletto dai fedeli.

- Il pontefice può esercitare per conto suo il potere ma spesso vi sono organi che esercita questo potere in compotestà vicaria questo potere: essenzialmente questo avviene con i **Dicasteri della Curia Romana** che sono gli organi di governo della Chiesa universale, per così dire dei ministeri che agiscono per potestà vicaria del Romano Pontefice.

Questi compongono la Santa Sede che fa intendere due realtà:

- figura del romano pontefice
- meccanismi della Curia Romana che coadiuvano il pontefice nell'esercizio di governo della Chiesa universale.

Questi per quanto riguarda del potere esecutivo e giudiziario. Mentre la potestà legislativa non può essere vicaria ma delegata. Il vicariato si ha per la potestà esecutiva e giudiziaria. La delega per la potestà legislativa.

Altra caratteristica del pontefice è quella di Capo di Stato della Città del Vaticano quindi oltre ad essere capo spirituale è anche un capo di Stato per quanto piccolo possa essere. E' un sovrano elettivo, la Santa Sede è proprietaria dello Stato, ne ha la sovranità in quanto ne è proprietario quindi Diritto Pubblico e Privato si intrecciano. Vi è un cardinale che è vicario del pontefice per lo Stato Città del Vaticano (adesso Mons. Comastri), infatti il pontefice non esercita direttamente i poteri politici ma attraverso un cardinale con potestà vicaria del pontefice essendo potestà vicaria il pontefice può intervenire quando vuole. Il cardinale esercita comunque tutti i poteri politici per il governo della Città del Vaticano.

Anche per la diocesi di Roma i poteri vengono dati ad un Vicario. Il Romano Pontefice non è l'unica autorità suprema della Chiesa Cattolica, l'altro soggetto è il Collegio Episcopale sempre con, e mai senza, il Romano Pontefice. Il Romano Pontefice è il soggetto di piena e suprema potestà della Chiesa, e insieme ad esso il Collegio Episcopale, per far parte del quale bisogna aver ricevuto la consacrazione episcopale, essere in comunione con la Chiesa, con il pontefice e con gli altri vescovi. Tutta l'attività del Collegio può essere considerata attività di governo piena e suprema della Chiesa solo se agisce con il consenso del pontefice e mai senza di lui. Il Collegio così come il Romano Pontefice succede a Pietro, succede al collegio degli altri Apostoli. Vi è una successione collegiale per il Collegio, ed una successione personale per il Pontefice. Vi sono specifiche modalità di esercizio della potestà piena e suprema della potestà del collegio:

- **solenne**: si ha nel concilio ecumenico, che è il luogo di esercizio della potestà suprema universale in comunione con il pontefice. Si ha un'assemblea di tutti i vescovi della Chiesa che termina con atti normativi, per studiare deliberare e governare in modo specifico su alcuni aspetti particolari della vita della Chiesa. L'ultimo concilio è stato il Concilio Vaticano II concluso nel 1965. Il primo fu quello di Gerusalemme a cui parteciparono anche gli apostoli terminato con la formula *"visum est spiritum santum et nobis"*. Gli atti devono essere promulgati e pubblicati dal Romano Pontefice; il Can 341 dice che l'approvazione del Romano Pontefice con l'approvazione dei padri conciliari (principio maggioritario) e la promulgazione rendono l'atto conciliare atto effettivo all'interno della Chiesa. La formula utilizzata dal Concilio Vaticano II per l'approvazione vede il *placet* dei padri conciliari e per il Romano Pontefice confermazione, comando e promulgazione.

- il Papa richiede a tutti ed ognuno dei vescovi di pronunciarsi su una data questione. A quel punto i vescovi chiamati a pronunciarsi emanano il loro parere per formare un vero e proprio atto collegiale attraverso il principio maggioritario. Una volta che viene emanato quest'atto collegiale spetterà al Romano Pontefice confermarlo e promulgarlo.

5. Ruolo del collegio Episcopale

Collegio episcopale: si è detto che ha una potestà solenne e una non solenne. Il capo del collegio è il Pontefice e i membri sono i vescovi. Il vescovo non è soltanto un membro del collegio ma anche organo uni personale.

Vescovo: i vescovi vengono distinti in:

- diocesano: vescovo posto a capo di una diocesi o di una figura ad essa assimilata.

- titolare: vescovo che non è a capo di una diocesi ma che ugualmente svolge una funzione all'interno della Chiesa (p.es.: un vescovo ausiliare, che aiuta nell'esercizio di governo il vescovo che è a capo della diocesi). Sono titolari della funzione ma non a capo di una diocesi, come quelli che ad es. lavorano alla curia romana. Si chiamano titolari perché originariamente erano proibite le *ordinationes absolutae* ossia non potevano essere ordinati vescovi che non erano a capo della diocesi, il *titulus* era la qualificazione della diocesi a capo della quale vi era il vescovo.

Col tempo poi venne distinto il *numus* di vescovo dall'esercizio di governo di una diocesi. Per tradizione viene comunque assegnata una diocesi per tradizione anche se non ne è a capo, una tradizione per rispettare l'antico divieto: si conferisce un preciso titolo pastorale, il governo di una diocesi, solo che a quelli diocesani è conferito l'effettivo esercizio, mentre a quelli titolari viene affidata una diocesi esistente solo nominalmente ma che effettivamente è estinta. Titolari perché a capo di una diocesi estinta, diocesani perché la diocesi è esistente.

La potestà di cui gode il vescovo è ordinaria, cioè annessa direttamente al suo ufficio, tra l'altro ordinaria propria in quanto la esercita in suo nome: legislativa, esecutiva, giudiziaria. Copre le figure di giudice amministratore ed esecutore ordinario della sua diocesi. Solitamente esercita la sua potestà in modo immediato, diretto però come il Pontefice, si serve di organi vicari (potestà esecutiva e giudiziaria). Solitamente si nomina un vicario giudiziario, e un vicario generale per l'esercizio della potestà esecutiva.

Non può essere delegata la potestà legislativa per il Vescovo, ma può solo esercitarla personalmente tranne che vi sia una speciale autorizzazione del pontefice.

Diocesi: è una delle strutture in cui si articola la Chiesa che può avere carattere territoriale. Costituisce una delle struttura costituzionali in cui si articola la Chiesa (Can. 368): le chiese particolari sono innanzitutto le diocesi. La Chiesa Cattolica sola e unica sussiste nelle chiese particolari e da esse è formata, non è una federazione di chiese particolari ma in ognuna di queste chiese è rappresentata tutta la Chiesa, e l'unione di queste struttura la Chiesa. Si indica anche l'autonomia delle singole chiese in comunione con il pontefice e tra di loro quindi le diocesi sono in relazione le une con le altre. Ogni chiesa particolare riflette quella universale e le particolari insieme formano l'universale.

Il Can. 369 dice che la diocesi è una *"portio populi Dei"* e che è governata dal vescovo con il suo presbiterio: vi è una comunità di fedeli sottoposta al governo di un vescovo aiutato dai suoi sacerdoti.

La diocesi non è l'unico modo previsto dalla costituzione della Chiesa: vi sono strutture diverse da quella ordinaria che contribuiscono alla strutturazione del corpo. La diocesi può essere:

- territoriale: delimitata da un criterio territoriale, tutte le diocesi italiane sono territoriali ed il vescovo ha competenza sugli abitanti di quel territorio.

- personalmente la potestà del vescovo non è limitata al territorio ma alla persona, in qualunque luogo questa si trovi. Vengono delimitate in virtù del rito, per esempio quella Maronita.

Poi vi sono altre chiese particolari delimitate allo stesso modo, figure analoghe alla diocesi ma non diocesi ad esempio gli ordinariati militari, a cui è affidata la cura pastorale degli appartenenti alle forze armate: in questo caso la struttura non è territoriale, per cui si hanno delle strutture analoghe alle diocesi personali, infatti il pastore ordinario non è quello della parrocchia dove si trova ma il cappellano militare e non si ha un vescovo ma un ordinario militare.

Il fedele è quindi sottoposto alla diocesi dove si trova e all'ordinariato militare: il fedele ha attribuito l'ordinario militare ma può scegliere di optare per uno o per l'altro. Tempo fa il pontefice ha creato un ordinariato personale (che è unico, non è né diocesi ne altro è una struttura particolare) che permetta ai fedeli anglicani di tornare alla Chiesa Cattolica senza cambiare abitudini e senza contrastare con la Chiesa Cattolica: i presbiteri sposati possono tornare nella

Chiesa Cattolica perché vi è il sacerdozio uxorato[5] nella Chiesa Orientale, non così i vescovi perché neanche quelli orientali si sposano. Il Can 368 elenca le altre strutture: abbazie territoriali, vicario apostolico, prefettura apostolica, amministrazione apostolica. Nelle abbazie c'è l'Abate e non il vescovo ma ha gli stessi poteri di questo nei territori della sua abazia. San Nihilo a Roma addirittura è un'abazia territoriale di rito orientale, perché sono monaci basiliani. In Italia vi sono le Eparchie, che sono le diocesi di rito orientali, una è a Piana degli Albanesi. L'eparca partecipa al collegio episcopale perché è assimilato del tutto al vescovo.

Nomina dei vescovi: due modalità:

- Ordinaria è la nomina diretta da parte del pontefice, che nomina direttamente i vescovi. Il tutto è preceduto da un processo di consultazione del Collegio Episcopale e delle Diocesi. Non può essere consacrato vescovo un fedele senza mandato pontificio, se un vescovo consacra un altro vescovo senza mandato pontificio la consacrazione è effettiva ma vi è la scomunica ad entrambi. Il vescovo viene consacrato da un altro vescovo. E' necessaria la nomina del pontefice e la consacrazione episcopale da parte di un altro

---

[5] Sacerdozio accompagnato da dispensa pontificia di contrarre matrimonio, mantenendo il presbiterato.

vescovo e si raggiunge il terzo grado del sacramento dell'ordine.

- Conferma di un vescovo eletto e confermato dal pontefice: in ogni caso è necessaria la conferma pontificia. Questa è la maniera ordinaria per la Chiesa Cattolica orientale, infatti i vescovi orientali sono eletti dai sinodi e poi confermati dal pontefice. Vi sono Stati in cui vi è l'antico privilegio del capo dello Stato di presentare al pontefice i capi delle diocesi: vi sono due casi in cui il capo dello Stato presenta al pontefice il candidato e il pontefice è obbligato ad accettare la presentazione: in Francia vi sono due diocesi dove è vigente il concordato di Napoleone e rimane vivo il diritto dell'imperatore di nominarne i vescovi nei territori di Alsazia e Lorena (p.es.: diocesi di Strasburgo). Necessario comunque per la nomina è la presa di possesso dell'ufficio. Se il vescovo è diocesano prendere possesso della diocesi se titolare prende possesso dell'ufficio a cui è stato chiamato.

Le arcidiocesi hanno funzione di appello sulla diocesi. La funzione delle arcipreture è quella di unità pastorale intermedia, di decanato, tra la diocesi e le parrocchie, non vi è alcun potere giurisdizionale intermedio.

6. Le norme e le leggi

La Chiesa coincide con i fedeli ed i battezzati (che sono la stessa cosa). Sotto il nome *De normis generalibus* si raccolgono tutte le disposizioni del Codice del Diritto Canonico. Nel Diritto Canonico esistono leggi generali ma anche leggi singolari (indirizzate ad una sola persona, o gruppo). Non esiste una definizione di legge generale ma si sottintende la definizione di norma di Tommaso D'Aquino (XIII sec.). La filosofia di Tommaso D'Aquino è comune a tutta la Chiesa Cattolica, come sostrato generale: *Orationis ordinatio ad bonum comune ab eo qui curam comunitatis habet promulgata.*

La norma è un ordinamento razionale diretto al bene comune dei consociati promulgata da colui che governa la comunità stessa. Perché vi sia un atto normativo necessita razionalità promulgazione, bene comune e legittima autorità. La razionalità nell'ordinamento della Chiesa ha un significato molto deciso, non solo conforme a ragione ma significa innanzitutto che deve essere congruente e conforme al diritto divino: è razionale se è conforme al diritto divino, non ci può essere norma difforme a diritto divino; solo le norme conformi al diritto divino sono vincolanti: se il Papa emana una norma non conforme al diritto divino non è vincolante, non ha forza.

Razionalità è conformità al diritto divino anche perché il diritto divino è conforme alla ragione, conoscibile dalla ragione, dall'uomo. La norma è conforme ai principi fondamentali che regola quella specifica materia dell'ambito del Diritto Canonico. Razionale ed omogenea al resto della normativa canonica che regola quello specifico oggetto. E' conforme anche al principio di gerarchia delle norme: anche nella Chiesa vige il principio di gerarchia delle norme: una norma emanata da una autorità inferiore non può essere difforme dalla norma emanata da quella dell'autorità superiore. Se il concilio emana una norma, il vescovo singolo non può emanare una norma contraria o difforme dalla norma del concilio. Il Can. 135 prevede al paragrafo secondo che da parte del legislatore inferiore non può essere emana una legge contraria alla norma dell'autorità superiore.

Qualora un'autorità inferiore dovesse emanare una legge difforme è previsto un particolare procedimento in base al quale un organo della curia romana che aiuta il Papa (Ministero della giustizia: Pontificio consiglio per i testi legislativi) decide se la norma inferiore è conforme a quella superiore (una sorta di Corte Costituzionale ma non paragonabile in quanto non esiste costituzione). L'art. 158 della Costituzione apostolica *Pastor Bonus* (costituzione di Papa Giovanni Paolo II che regola l'attività del governo della curia romana) dice che su richiesta degli interessati il pontifico consiglio per i testi legislativi possa verificare la conformità dei testi inferiori con i testi superiori.

Se il pontificio consiglio conferma la difformità ordina la conformazione alla legge universale, modifica delle legge inferiore a favore della legge superiore. L'atto deve essere approvato dal Romano Pontefice, in modo tale che l'ordine di modifica è ratificato dal Papa. Il pontefice approva in modo specifico l'atto della commissione pontificia: la commissione agisce con potestà vicaria ed agisce non potendo emanare un atto legislativo in senso stretto (necessita la ratifica del Papa, conferendo il valore di atto legislativo). L'atto è sostanzialmente legislativo ma necessità l'approvazione del papa. Il pontificio consiglio agisce con potestà (legislativa) vicaria performata poi dal Romano Pontefice.

Tale atto diviene legge superiore (universale) e non può essere impugnato e/o giudicato da nessuno. La norma è razionale quando conforme al diritto divino e quando è conforme al principio di gerarchia delle norme ed è prevista una possibilità di impugnativa per le norme inferiori difformi. In questo modo una norma conforme al diritto divino ed alla gerarchia delle norme è razionale. La norma ha anche altri requisiti: deve essere emanata dall'autorità competente, promulgata e rivolta al bene comune dei fedeli. La legge è l'atto normativo per eccellenza ed il codice non è l'unica legge (Costituzioni apostoliche, etc.), vi sono varie autorità nella chiesa. Il potere legislativo è detenuto nella Chiesa da (universale e particolare) varie autorità: l'universale è indirizzato a tutta la Chiesa, particolare è indirizzato ad una porzione della Chiesa. Il legislatore universale è il Romano Pontefice, ed il collegio episcopale assieme al romano pontefice (mai da solo); il legislatore particolare è il Vescovo diocesano e le altre autorità paragonate al vescovo, assieme ad altre autorità (conferenza episcopale all'interno del proprio territorio, etc.)

Il legislatore particolare ha potestà solo per il territorio (o comunità) che gli è affidata; il Romano pontefice ha potestà universale (su tutta la chiesa); ma il Romano Pontefice può anche emanare atti particolari (p.es.: atti creativi di circoscrizioni ecclesiastiche anglicane riconciliate alla Chiesa Cattolica). Per le Chiese orientali non vale il Codice di Diritto Canonico, ma il Codice dei Canoni delle Chiese orientali. Il papa nei loro confronti può emanare solo leggi a potestà particolare: la potestà universale del papa non comprende le chiese orientali.

Gli organismi della santa sede hanno potestà vicarie e verso di queste il romano pontefice (e nessun'altro) può delegare potestà legislativa. Può avvenire che il papa può delegare un'autorità inferiore a delegare il potere legislativo. All'interno della chiesa vi sono anche altri atti legislativi basati su concordati o trattati con autorità politica di altri stati. Il concordato è legge per l'Italia (accordo internazionale vincolante), ma per la Chiesa i concordati sono posti allo stesso piano delle norme del diritto canonico (non possono essere abrogati dal codice, né il codice può essere abrogato dal concordato). L'accordo in quanto tale è imputato direttamente alla santa sede e quindi potendosi imputare direttamente alla santa sede ha comunque valore di legge universale, e si tratta di uno di quei casi in cui il papa delega la potestà legislativa: chi firma è delegato dal papa.

La Santa Sede è l'organo di governo della Città del Vaticano, quindi la Santa Sede può formare trattati differenti dalle leggi canoniche, ma prettamente politiche (poste vaticane, etc): La città del Vaticano ha un codice civile, penale, etc ma recependo prima il Diritto Canonico. Il Can. 22 dice che le leggi civili (italiane?) vengono osservate con i medesimi effetti a meno che non siano irrazionali (difformi dal diritto divino e/o canonico). Il Diritto Canonico rinvia al diritto dello stato in cui la chiesa si trova (civile e penale) solo se conforme al diritto canonico: vi sono però delle limitazioni sulla sopravvenienza di malafede (che in Italia non nuoce, ma nel Canonico sì!).

In Italia possesso vale titolo (anche con malafede sopravvenuta), nella Chiesa è peccato (violazione del VII comandamento). Il diritto tedesco prevede la stessa norma del diritto canonico, l'Italia invece è come la Francia. Anche un contratto per il diritto canonico è valide se conforme al diritto civile (se il diritto civile è conforme al diritto canonico). Il Diritto Canonico rinvia al diritto civile, il quale rinvia al diritto canonico. L'atto civile, verso il quale la Chiesa deve attenere, non è valido senza autorizzazione del Vescovo.

C'è una norma del diritto civile del 1985 che rinvia al diritto canonico, per le autorizzazioni a disporre dei beni. Il diritto canonico in materia patrimoniale ha rilevanza per il diritto dello stato (In Italia ¼ dei beni appartiene alla Chiesa). Il diritto canonico prevede la separazione come istituto (ma si applica quello civile non quello canonico): il diritto canonico rinvia al diritto civile, poiché vi è una canonizzazione della legge civile.

Nel diritto civile italiano esiste il fenomeno della legislazione delegata sotto gli atti di Decreto Legislativo, e di Decreto Legge. Anche il Diritto Canonico conosce il fenomeno della legislazione delegata. Il Can 30 dice che chi gode della sola potestà esecutiva non può emanare atti di potestà legislativa a meno che il Romano Pontefice non abbia costituito una delega a legiferare. Il Papa può conferire potestà vicaria legislativa ad una autorità esecutiva con un atto specifico di delega (con materia ed oggetto) e l'atto prende il nome di Decreto Generale con valore di legge piena, analogo al decreto legislativo. Il Codice di Diritto Canonico non prevede esplicitamente quegli atti che noi conosciamo come Decreto Legge.

La *Pastor Bonus* prevede la figura del Decreto Legge emanato dall'autorità amministrativa approvato successivamente dal Romano Pontefice, sostanzialmente normativo senza delega precedente. L'atto approvato in modo specifico assume valore in senso pieno (ratifica *ex post*).

La Costituzione apostolica *Pastor Bonus* prevede quindi un Decreto Generale autorizzato *ex post*: necessità l'approvazione specifica (posteriore) del Romano Pontefice (addossandosi integralmente la responsabilità dell'atto che così non può essere impugnato da nessuno).

7. Diritto Amministrativo Canonico

Attività amministrativa: viene esercitata sia da coloro che godono di tutte le potestà (Papa e Vescovi), sia da coloro che hanno potestà vicaria esecutiva (vicario generale, dicasteri della curia romana).

L'atto amministrativo si distingue dal legislativo:

- emanato dal potere esecutivo
- singolarità: ha un destinatario concreto (atto di nomina, conferimento dell'ufficio ecclesiastico). Il destinatario può essere anche una comunità.
- sottoposto al principio di legalità (Can 38): non può ledere né il diritto della persona, né la legge positiva. Diversa è invece la consuetudine che può essere *contra legem*.
- emanato in seguito ad uno specifico processo amministrativo. Nel procedimento amministrativo l'iniziativa è *motu proprio* (da parte del soggetto decidente) o da altra parte, p.es.: il destinatario. In quest'ultimo caso si ha un'iniziativa di parte (il trasferimento voluto da un sacerdote da una diocesi ad un'altra è l'iniziativa di una parte e avviene tramite "incardinazione")

Quando la parte istante richiede l'atto amministrativo deve motivare e le motivazioni devono essere vere altrimenti l'atto si ritiene viziato da:
- *obretio*: obrezione, si ha quando la parte istante afferma qualcosa di non veritiero
- *subretio:* surrezione, si ha quando la parte istante nasconde una verità della motivazione.

L'istanza deve essere presentata all'organo competente, se è presentata ad un organo non competente, questo la trasmette all'organo competente. Questo deve poi decidere nel termine massimo di tre mesi (termine ordinario). Se l'organo competente non risponde entro il termine si considera il silenzio amministrativo come rifiuto e la risposta si considera negativa cosicché si abbia una finzione di diritto e si equipari ad un atto amministrativo di diniego (al fine del ricorso amministrativo).

In caso di scadenza del termine si hanno due possibilità:

- la parte può inoltrare il ricorso amministrativo
- il soggetto competente può emanare l'atto amministrativo in ritardo ma deve risarcire il danno eventualmente provocato con il ritardo.

Il **Ricorso Amministrativo** viene presentato per chiedere la revoca o la modifica dell'atto, contestandolo. Nel diritto italiano può essere presentato ad un'autorità giurisdizionale (e si ha un ricordo in via giudiziaria) o ad un'autorità amministrativa (con il ricorso in via esecutiva).

Nel Diritto Canonico, non ci sono TAR di cari livelli, ma c'è il Supremo Tribunale dell'Assegnatura Apostolica che nella sua Sezione II funziona come organo supremo della Chiesa per la giustizia amministrativa. Nella Chiesa si ha solo il ricorso amministrativo ed una volta esauriti i livelli di appello di questo, si passa al ricorso in via giurisdizionale presentando istanza al Supremo Tribunale dell'Assegnatura Apostolica.

P.es.: se io voglio che la mia associazione sia riconosciuta a livello canonico e il vescovo dà una risposta negativa, presento il ricorso al dicastero (congregazione competente in materia alla Santa Sede) e se anche qui ho una risposta negativa il ricorso non è più amministrativo ma è in via giurisdizionale e si deve presentare istanza all'Assegnatura Apostolica.

Il Can. 1732 dice che non si può fare ricorso per gli atti del Pontefice e del Concilio Ecumenico.

- **Ricorso in Opposizione**: deve essere presentato alla stessa autorità che è autrice dell'atto per verificare che l'atto stesso che da essa è stato emanato non possa essere corretto o revocato. Questo è necessario prima di procedere al ricorso successivo. La risposta deve prevenire entro 30 giorni. Anche in questo caso il silenzio vale diniego.

- **Ricorso Gerarchico**: è presentato all'autorità amministrativa superiore a quella autrice dell'atto oggetto del ricorso. Per l'atto del vicario l'autorità superiore è il Vescovo. Solitamente questo livello di ricorso e il precedente comportano la sospensione dell'atto amministrativo. L'ultima istanza gerarchica è il Supremo Tribunale dell'Assegnatura Apostolica, il quale può rivedere solo atti emanati dalla Curia Romana. Il ricorso sottoposto all'Assegnatura ha carattere giurisdizionale.

I termini sono: 10 giorni per ricorrere in opposizione all'autorità che ha emanato l'atto, questa ha 30 giorni per rispondere, dopo la risposta o il silenzio, la parte lesa ha 15 giorni per presentare ricorso gerarchico: per l'appello all'Assegnatura il termine è di 2 mesi dall'ultimo atto.

Nel Diritto Canonico la lesione deve riguardare un "diritto o interesse". Anche un terzo può essere leso da un atto amministrativo non destinato a lui. L'interesse deve essere attuale e realmente leso. Il ricorso non può essere presentato da una collettività ma da un singolo (da un rappresentante).

Contro la sentenza dell'Assegnatura, si ha la restitutio in integrum, ossia la revocazione della sentenza, o revisione della sentenza: in presenza di determinate cause si può avere questo per la sentenza passata in giudicato. Nel Diritto di Procedura Penale si ha la revisione, nel Civile la revocazione. Per la suprema Assegnatura si revocano. Il tribunale competente per questo è la Rota Romana.

8. Atti amministrativi

L'Assegnatura apostolica, in realtà è solo un tribunale di legittimità, c si può ricorrere solo per motivi di legittimità, non per merito, p.es.: solo se un dicastero della Curia abbia violato una legge.

Atti amministrativi singolari: quello per eccellenza è il decreto singolare (da non confondere con quello generale quindi atto di legge).

Il Can. 48 da una spiegazione del concetto di decreto: è l'atto amministrativo per eccellenza, le sue caratteristiche sono:

- singolare, *pro casu particulari*
- prodotto nell'esercizio della potestà esecutiva
- sottoposto al principio di legalità: *secundum iuris norma*

Il canone fissa anche un limite negativo: per sua natura il decreto non suppone una petizione fatta da qualcuno. Il decreto può essere emanato sia *motu proprio*, ma non richiedere una petizione da parte dell'altro soggetto: mentre il rescritto richiede una petizione il decreto si può avere anche senza.

- può avere un contenuto diverso: il contenuto del canone è ampio prevedendo una decisione, o una provvisione ossia una provvista canonica quindi un decreto del vescovo che nomina il sacerdote Tizio vicario della diocesi.

Se il contenuto è una decisione il decreto deve essere motivato: se non è motivato è nullo o valido? Il problema è ancora aperto, perché nel Diritto Canonico per la nullità di un atto è necessario che una norma ne preveda in modo esplicito la nullità, quindi è necessaria una norma "irritante" la cui mancata osservanza provoca la nullità dell'atto, e questa mancata osservanza deve essere prevista esplicitamente (se non c'è per l'atto è nullo). Il Can. 51 non è una norma irritante, però la norma non è irritante in sé stessa ma la mancata esposizione di motivazioni potrebbe essere motivo di impugnazioni. Se mancano le motivazioni è difficile l'impugnazione dell'atto. In definitiva in capo alla parte decidente vi è dovere di motivare il decreto che comporta una decisione per maggiore tutela dei diritti della persona nei cui riguardi è rivolto l'atto amministrativo.

Oltre al decreto vi è il **Precetto**: è una sorta di "sottospecie" del decreto. Si chiamano precetti i decreti che contengono un ordine rivolto ad una persona di fare o di omettere qualcosa, sono i decreti mediante i quali si impone ad una o a determinate persone di fare o non fare qualcosa. Sono decreti che hanno contenuto precettivo. Ovviamente il precetto non può imporre un obbligo a cui quella persona non sia già sottoposta per legge.

P.es.: il vescovo ha l'obbligo di residenza nella diocesi, fermo restando le assenze necessarie per la sua missione. Se un vescovo si assenta per motivo illegittimo dalla diocesi, la Santa Sede può imporre un precetto al vescovo di risiedere nella diocesi. Quanto richiesto dal precetto deve rientrare tra i doveri che la legge impone al destinatario e che esso per qualche motivo illegittimamente non esercita. Il precetto si usa anche in ambito canonico penale, infatti alcune sanzioni sono comminate in un atto amministrativo che si chiama precetto.

L'atto canonico conosce la possibilità che un vescovo sanzioni un fedele tramite un precetto: è uno strumento di Diritto Penale Canonico per comminare delle sanzioni in via amministrativa ad un fedele che si sia reso colpevole di un atto penalmente rilevante. Infatti la sanzione nella Chiesa può essere comminata in via amministrativa (precetto) o in via giudiziaria (sentenza del processo).

Il **Rescritto:** è un atto amministrativo dell'autorità esecutiva che richiede la petizione di qualcuno ed il cui contenuto è un privilegio, una dispensa o una grazia. Ha un contenuto specifico.

E' un atto amministrativo che postula una richiesta, l'attività amministrativa deve essere sollecitata dall'iniziativa di una parte istante che richieda, motivandolo, un provvedimento all'autorità amministrativa, che abbia contenuto specifico.

Con il privilegio si crea situazione giuridica ampliata in senso positivo particolare per il soggetto, mentre con la dispensa si ha una *relaxatio legis in casu particulare.* Sono atti che hanno valore amministrativo, hanno contenuto normativo ma sono veicolati da un atto amministrativo e creano un diritto soggettivo singolare che viene veicolato da un atto amministrativo che è il rescritto.

Gli atti normativi singolari (privilegio, dispensa) sono veicolati da un atto amministrativo: sono atti sostanzialmente normativi, trasmessi attraverso atti fondamentalmente amministrativi.

Con la *gratia* si chiede un atto non dovuto al soggetto: la diversità con la dispensa è che chi richiede quest'ultima è tutelato dalla legge perché chiede un atto previsto dalla legge, normativamente previsto, esercitando così un proprio diritto. Vi sono invece altri atti che un fedele può chiedere senza base normativa a mero titolo di grazia, quindi in quanto grazia non è un atto dovuto dall'autorità, è un atto *gratiis datum*, senza che sia dovuto per legge.

L'autorità amministrativa entro tre mesi deve comunque decidere sulla richiesta inoltrata dal soggetto. Nel caso la sua decisione non venga emessa entro tre mesi, il silenzio viene formalmente equiparato ad un atto di diniego e la parte istante può impugnare l'atto. Il Can. 57 su silenzio amministrativo si riferisce specificamente ai decreti ma si applica analogamente alle materia dei rescritti.

Il contenuto del rescritto inoltre può essere più limitato rispetto a quello del decreto.

Il privilegio è una norma singolare, ha natura soggettiva perché viene ampliata tramite un atto la sfera oggettiva del soggetto al quale viene concesso tramite un atto di diritto soggettivo, tramite un atto normativo viene creata una situazione soggettiva favorevole al soggetto, a cui questo non avrebbe diritto e quindi per ampiamento della sua sfera giuridica.

Potestà Giudiziaria: la premessa è l'imperfetta distinzione di potestà all'interno della Chiesa. Il Romano Pontefice gode di potestà suprema e gode anche di potestà giudiziaria suprema, ed è quindi giudice supremo della Chiesa. Il giudice giudica attraverso i tribunali della Santa Sede (che agiscono con potestà ordinaria vicaria) o direttamente (potestà ordinaria propria), fermo restando la possibilità del pontefice di delegare a giudici specifici il suo potere per alcuni giudizi (potestà delegata). In tutti e tre i casi si tratta di esercizio della potestà giudiziaria. I tribunali della Santa Sede sono tre:

- Assegnatura Apostolica: è l'organo supremo di giustizia all'interno della Chiesa, ed è un organo però, la cui competenza è limitata alla legittimità ossia non valuta nel merito le cause quindi ha competenza se il giudice di grado inferiore abbia violato una legge formale o sostanziale. La sezione II agisce come organo giurisdizionale, ma anche come organo amministrativo. Quindi la competenza è limitata comunque alla legittimità. Inoltre dirime anche conflitti di competenza tra i dicasteri della Santa Sede (potestà ordinaria vicaria).

- Rota Romana: è un tribunale che decide anche nel merito delle cause, è giudice di secondo o terzo grado, a volte può essere anche di primo grado. Vi sono cause riservate alla Rota, in cui è giudice di primo grado (p.es.: la nullità del matrimonio di un capo di Stato).

Il Can 1405 dice che vengono elencate le cause in cui il Pontefice ha competenza esclusiva in primo grado e questa competenza solitamente viene esercitata tramite la Rota (vescovi, soggetti equiparati ai vescovi, capi di Stato, legati della Sede Apostolica). Quindi vi sono determinati casi in cui la Rota è tribunale in primo grado. E' invece tribunale di secondo grado per le cause giudicate dai tribunali ordinari di prima istanza e deferite alla santa sede tramite un appello: quindi di cause giudicate dal tribunale locale e deferite in appello (p.es.: una volta passati dal tribunale della diocesi ci si può appellare anche direttamente alla Rota Romana senza passare dal tribunale supremo di secondo grado della chiesa nazionale, ossia l'*appello per saltus)*. La Rota decide poi in terza o ulteriore istanza le cause già giudicate dalla stessa Rota o da altro tribunale purché la sentenza non sia passata in giudicato (si chiama Rota perché i giudici ruotano, per cui la successiva impugnazione alla stessa Rota si può fare purché le persone fisiche siano diverse, quindi che ci sia il turno successivo della Rota).

- Tribunale della Congregazione per la Dottrina della Fede: uno dei dicasteri della Santa Sede, la Congregazione per la dottrina della Fede agisce come tribunale limitatamente ai casi che hanno a che fare con la fede e la morale, quindi delitti contro la fede o per i delitti più gravi nell'ambito della morale (p.es.: delitti di pedofilia di un sacerdote in quanto delitto contro la morale). In alcuni casi agisce come tribunale di prima istanza in altri di seconda istanza. Quindi giudica nel merito i reati limitatamente alla fede e alla morale.

Accanto ai tribunali della Santa Sede vi sono i **Tribunali a livello Diocesano**, presso ogni diocesi vi è un tribunale, e il giudice naturale è il vescovo che può esercitare la sua potestà direttamente o tramite il suo vicario. Quindi presso la diocesi vi è un tribunale che giudica le cause ecclesiastiche in primo grado e alcune diocesi (metropolite) sono appello per altre diocesi (suffraganee), ossia quelle diocesi metropolitane il cui il vescovo è insignito del titolo di metropolita. Ferma restando la possibilità di impugnare la sentenza direttamente e liberamente presso la Rota Romana.

Questo in Italia vale per le cause non matrimoniali, perché per le cause matrimoniali è competente un tribunale regionale ecclesiastico che giudica le cause matrimoniali. Ogni regione ecclesiastica (che non sempre coincide con quella politica) ha un tribunale e a questo bisogna presentare la domanda per le cause matrimoniali, per cui non è competente la diocesi. Il tribunale di appello è quello istituito in un'altra regione (per esempio quello d'appello di Palermo è Napoli), fermo restando che si può direttamente e liberamente fare appello alla Rota Romana.

Nel diritto canonico il **giudicato** ha una disciplina particolare:

- Le sentenze matrimoniali non passano mai in giudicato. La loro esecutività dipende dalla conformità, è necessario quindi che siano emesse due sentenze conformi nella medesima causa ossia che siano uguali i soggetti, il *petitum* e la *causa petendi*. Un soggetto può impugnare in terzo e quarto grado la sentenza se vi sono gravi motivi di appello e questa gravità deve essere delibata dal giudice d'appello. Il Can. 1463 dice che una causa sullo stato delle persone non passa mai in giudicato. Per il Can 1644 si possono adire nuove prove per la gravità e per la novità della prova: il giudice emette un decreto che ne attesti la novità e la gravità.

- Le cause ordinarie passano in giudicato una volta emessa la sentenza di secondo grado o quando l'appello non venga proposto.

9. Introduzione al Matrimonio

Il Matrimonio è trattato in Italia all'Art. 29 della Costituzione, il quale dice che la Repubblica riconosce i diritti della famiglia come società naturale fondata sul matrimonio. Questa norma è stata elaborata nel '47 ed è entrata in vigore nel '48; nel secondo comma dà delle spiegazioni e quando fu emanata, quando si parlava del matrimonio ci si intendeva immediatamente, si capiva cos'era questo istituto senza aggiungere altro.

Successivamente questa norma è passata a tante tensioni, dovute e peripezie legislative successive, come l'introduzione del divorzio nel '78 etc., sicché oggi quando si dice matrimonio si ha una meno immediata percezione di ciò che significava invece all'epoca. In ogni caso si può dire che il matrimonio è un modo di formare la famiglia, perché la stessa norma sopracitata lo vede in tal modo.

Nel periodo fascista furono valutate le società intermedie che si svilupparono poi sulle società naturali, come società tra l'individuo e lo Stato e privilegiata tra queste era la famiglia. Questa famiglia, era il punto di riferimento principale e il modo di formarla secondo ciò che la Costituzione affermava era il matrimonio. Quando allora si parlava di matrimonio, si faceva riferimento a quello regolato dal codice del

'42, che in un certo senso era una prosecuzione del codice del 1865, modellato sulla *communis opinio* con il Diritto Canonico.

Il matrimonio nel diritto dello Stato era elaborato nei suoi termini, nei termini in cui lo aveva elaborato il Canonico. Questo è un modo di formare la famiglia, perché nella storia della civiltà, la famiglia vista come aggregato fondamentale e immediato nel quale il soggetto trova riparo, che si forma non per scelte ma per fatti materiali della generazione, è il luogo dove il soggetto trova luogo per la soddisfazione elle esigenze più intime e della sua personalità. In tutte le società ci sono questi raggruppamenti familiari, e il modo che è invalso negli ultimi XVII secoli è il matrimonio elaborato dal pensiero cristiano.

Il matrimonio cristiano per tanto tempo è stato pensato come l'unico modo per formare la famiglia, ma così non è perché la realtà familiare esiste prima ancora dell'elaborazione di questo modo canonico. La famiglia esisteva formandosi in maniere diverse, si parla anche oggi di famiglia come aggregato di interessi fondamentali e primordiali al di fuori del matrimonio (p.es.: la "famiglia mafiosa" che mira a perseguire scopi malavitosi insieme ad altre persone). Ovvero le famiglie di fatto, unite senza un vincolo matrimoniale creando comunque un nucleo fondamentale formando così una famiglia.

Il matrimonio va compreso storicamente: Nella bibbia le famiglie sono fatte da tante donne (Salomone aveva 700 mogli e 300 concubine) non si ha nessun commento negativo, infatti Davide era un progenitore di Cristo, perché per il popolo di Israele era il riferimento massimo, alla sua opera di ricostruzione del regno a cui tutti aspiravano.

Il cristianesimo non propose allora una sua idea di matrimonio, ma si rifà ad un'idea naturale del rapporto uomo-donna che è desumibile in primo luogo, autorevolmente da un passo del Nuovo Testamento nei Vangeli di Matteo (19, 3-12) e di Marco, nell'episodio in cui i Farisei fecero a Cristo la domanda "è lecito per un uomo ripudiare la propria moglie per qualsiasi motivo?" e lui rispose "non avete letto che Dio li creò al principio maschio e femmina e l'uomo per questo lascerà madre e padre?" Cristo non fa una sua dottrina, ma si rifà agli inizi, all'originale disegno di Dio.

E' nella natura stessa dell'uomo per volontà di Dio che il matrimonio si quello che è. Il problema è che gli ebrei sentivano il problema del ripudio. Poi gli obiettarono: "Ma allora perché Mosè ha permesso di dare l'atto di rifiuto?", e Lui: "Per la durezza dei vostri cuori, ma all'inizio non fu così". Infatti Mosè nel Vecchio Testamento, nel Deuteronomio si legge: "Quando un uomo ha preso una donna ed ha vissuto con lei da marito, [...], ascriva per lei un libello di ripudio". Questo vale a dire che gli ebrei avevano dei dubbi, perché Mosè era il grande legislatore del popolo ebraico, e Cristo rispolvera l'originario volere di Dio: era problematico poiché non si aveva perfetta percezione se Mosè, che era il legislatore di Dio, fosse stato equivocato.

Il problema è che il matrimonio è una realtà di diritto naturale nel diritto cristiano per vedere la quale bisogna ricercare al principio. Oggi la famiglia va intesa in tanti modi, famiglia era quella di Davide, di Salomone, dei grandi patriarchi del popolo ebraico, ma oggi molte di queste famiglie non possono essere ammesse.

Il matrimonio si afferma come uno dei modi di formare la famiglia, altri modi sono stati più o meno sottolineati o avversati. La famiglia come concezione ideale e fattuale già c'era. L'apporto del cristianesimo si ha in molteplici direzioni:

- diversa considerazione della donna (storicamente): nell'antico testamento, rispetto ai popoli coevi a quello ebraico, la donna godeva di una posizione "vantaggiosa" ma era considerata in posizione di soggezione nei confronti degli uomini, ma non di inferiorità come nei popoli arabi. La donna nel vecchio testamento non era concepita in termini negativi ma neanche di pieno sviluppo autonomo. Questa donna subisce in questo contesto un affrancamento da parte del cristianesimo, perché vi erano state nel popolo ebraico delle donne che pur non appartenendo alla razza ebraica hanno contribuito alla affermazione del popolo di Israele. Ed è anche vero che queste donne, compaiono tutte nella genealogia di Cristo, infatti Luca e Matteo che hanno scritto la genealogia, non hanno avuto timore a richiamare tra gli avi Tamar Raab Ruth e Betsabea (alcune erano anche delle prostitute), persone che non si erano moralmente comportate bene ma avevano aiutato l'affermazione del popolo di Dio. Si ha una considerazione retrospettiva positiva di queste figure, infatti anche Cristo manifestò il suo apprezzamento per la donna adultera, e ne fece sue collaboratrici. Questo da un punto di vista del linguaggio, del modo di intendere cristiano del rapporto uomo donna, e quindi non solo dal punto di vista escatologico, ma anche sulla terra si ha un modo diverso di considerare la donna dirompente rispetto all'epoca, che era quella di Augusto imperatore.

- Cristo inaugurò un nuovo modo di concepire l'uomo: e quindi anche indirettamente nel rapporto coniugale.

- Introduzione come novità del concetto di persona: si ha la sollecitazione a vivere le virtù cristiane, non potendo stabilire rapporti tra persone se non ispirate a queste virtù. Quindi la famiglia uomo-donna era fondata su queste virtù. Il matrimonio fu considerato un segno attraverso il quale si ha la grazia coniugale: non è più semplicemente uno strumento per l'aggregazione di interessi personali, ma uno strumento per la affermazione del Regno di Cristo, e questo significa che se il matrimonio non è indirizzato in questa direzione è un segno inerte, che non produce, che svia dalla sua finalità principale. Perché svolga la sua importante funzione originale è necessario che si vivano le virtù cristiane.

Da quando si avviò questa idea del cristianesimo si ha un lento processo di transculturazione che non riguarda direttamente il matrimonio in quanto tale ma le persone che lo vogliono celebrare: sta qui l'idea nuova di uomo e donna, che possono vivere le virtù di vita e trasformare il segno della famiglia che è sempre esistito in un segno per ottenere la grazia sovrannaturale.

Dalle parole di Cristo nei versi di Matteo e Marco, si vede che il problema è che il matrimonio deve essere visto guardando il disegno di Dio e partendo quindi dalla concezione di Dio di uomo e donna. Quindi l'uguaglianza, la parità si ottengono in proposizione normativa? No, questa umana uguaglianza è iscritta nel disegno di Dio e il legislatore umano può dire quello che vuole, può permettere a Davide di stare con

Betsabea dopo avergli ucciso il marito, ma il problema
è: questo rientra nel processo visto da Dio?

Il problema non è la norma che dice che non si
può sposare, ma il problema è che l'uomo nella sua
riflessione bimillenaria capisce che un rapporto non si
può fondare su un delitto.

Agostino da Ippona, nel 413 d. C. mentre era
vescovo di Ippona, tenne una serie di omelie che
commentavano la I lettera di S. Giovanni, e in una di
queste (la VII omelia) dice "una volta per tutte ti viene
posto un breve precetto, ama e fa ciò che vuoi" (ama et
quod it vis) e questo, bisogna un momento capirlo:
"[…] sia che tu taccia taci per amore, sia che tu parli
parla per amore, sia che tu corregga correggi per
amore, sia in te la radice dell'amore perché da questa
radice non può procedere se non per il bene […]".
Cristo visse intorno al 30, e là cominciavano dei
problemi, uno dei tanti è "siamo sicuri che il
matrimonio è un bene? Non è meglio lo stato
celibatario, perché aveva ricevuto una lode da parte di
Cristo?" (Beati quelli che si rendono eunuchi), queste
dottrine oggi consideriamo "eretiche" e ce ne
sbarazziamo. S. Agostino, uno dei padri della Chiesa
fece a riguardo delle osservazioni importanti,
raccogliendo anche dottrine espresse in altri contesti e
disse che il matrimonio è un bene, infatti in un
commento alla *Genesis ad litteram*, disse che le nozze

sono un bene, e i *bona* delle nozze sono tre: prolis, *fidei, sacramenti.*

Nella *fidei* si vede che non si abbiano rapporti intimi con altra o altro, è uno specchio dell'amore di Dio per gli uomini e dell'amore di Cristo della Chiesa. Nell'antico testamento l'appellativo è Dio "*fidelis est*", perché nonostante tanti motivi per abbandonare il popolo di Israele non lo lascia, e Cristo rimane fedele alla Chiesa nonostante i tradimenti degli uomini e questo si rispecchia nel matrimonio. Davide non andava bene in questa visione, sono passati quasi IV secoli da Cristo, si afferma il processo di transculturazione per cui il comportamento dell'uomo si deve specchiare il comportamento di Dio.

Poi il bene della *prolis* significa che i figli siano allevati con amore accuditi con premura e istruiti religiosamente: avere cura della creazione come Dio ebbe cura della sua creazione (nuova concezione dell'uomo).

Il *bonum sacramenti*: il matrimonio non sia diviso e lo sposo o la sposa lasciandosi non si uniscano con un altro neanche per avere figli.

Il culmine si ha con l'affermazione "ama e fai quello che vuoi": ma tutto sta a vedere cosa significa amore, e qual è questo amore? Oggi la parola amore è abusata, si ha una concezione antropologica specifica dell'amore che non corrisponde alla concezione antropologica dell'amore cristiano. Il modo comune di intendere amore normalmente non è il modo che nasce dalla antropologia cristiana, non è il modo di intendere S. Agostino, perché lui voleva dire ama allo steso modo in cui Cristo e Dio hanno amato, il loro amore è un amore transitivo verso l'altro in cui l'uomo e la donna si donano a vicenda, mentre l'amore egoistico è l'amore per cui uomo e donna vogliono estorcere dall'altro godimento, soddisfacimento.

Perché se l'amore è l'amore di Cristo e di Dio, allora questo ti consente di fare quello che vuoi, significa che te ne puoi anche infischiare delle informalità matrimoniali, infatti fino al 1563 non c'era una forma di celebrazione del matrimonio, perché si fondava sulla libera volontà di entrambi, quello che contava era la sostanza in cui si doveva rispecchiare l'amore di Dio per l'uomo. Ragionando con questi punti di riferimento, ci si interroga: può celebrare il matrimonio una persona già sposata? Allora si dice no, perché è un *Amor concupiscentis*, non ci si dà all'altro ma si cerca di prendere dall'altro, non si rispecchia Dio. Così via la costruzione del matrimonio in questi secoli.

Poi si ha il discorso della **persona**: il matrimonio si afferma nel cristianesimo come un rapporto fra persone, specificate sessualmente, ma in primo luogo come rapporto di persone e il concetto di persona è più ampio del concetto di uomo e donna e su questo il cristianesimo da un contributo rilevante.

10.Segue: Matrimonio

Il matrimonio è un modo di trasmettere il segno della grazia divina. Un elemento di straordinaria incidenza è stata l'elaborazione cristiana del concetto di persona. Le esigenze che fin dalle origini il cristianesimo tiene presente è che l'idea di famiglia era già presente nella vita romana, anche se nel Diritto Romano ci si astiene dal dare alla famiglia una connotazione etica.

Il padre di famiglia è come un vescovo che ha la responsabilità religiosa dei suoi elementi, è un'ecclesia domestica. Altro aspetto importante è la posizione degli individui, delle parti che mettono in vita il rapporto matrimoniale, e mettendo insieme questo profilo a quello precedente si compone l'idea dell'istituto patrimoniale.

Per quanto riguarda il rilievo pubblico, ciò significa che i coniugi nel contrarre matrimonio mettono in vita una realtà che non dipende interamente da loro, che è la realtà sacramentale: gli effetti del matrimonio non possono aversi senza la volontà dei coniugi, ma non è questa che produce gli effetti del matrimonio perché come in tutti i sacramenti, la grazia soprannaturale è prodotta da Cristo, perché gli effetti teologici sono prodotti *ex operae operatur*. Dal punto di vista giuridico questo è importante perché sottrae in radice ciò che conta nel matrimonio cristiano alla volontà, cosicché la volontà delle parti non può portare a fare ciò che si vuole, come era invece all'inizio, in epoca romana.

Il rapporto coniugale, tutto rimesso alla volontà di coloro che lo stabiliscono, com'era nel Diritto Romano, era un rapporto di fatto che stava tutto nelle mani dei coniugi, ma il Diritto Canonico spiega che ci sono degli effetti che trascendono la volontà dei coniugi e questi non possono farne ciò che vogliono perché toccano profili che vanno oltre la loro competenza. La giustificazione teologica o anche teorica è l'esposizione di Cristo che il matrimonio si dà per volontà originaria di Dio: l'idea va inserita innovativamente nel sistema romano.

Altro elemento importantissimo è quello del soggetto che mette in vita il matrimonio: oggi si dice che i coniugi sono i ministri del matrimonio ma non sono i produttori degli effetti sacramentali. La volontà dei coniugi è una volontà che coopera alla volontà principale, alla produzione degli effetti. La riflessione sugli effetti è stata quella foriera dello sviluppo matrimoniale nel corso dei secoli:

- Profilo teorico: la nostra Cost. tutela la dignità dei coniugi della famiglia. La radice sta nell'idea di persona a cui ieri si faceva cenno. I romani, non avevano l'idea di persona che noi oggi abbiamo, e ciò si è sviluppato nell'ambito della teologia cristiana. Si ponevano dei problemi di difficile soluzione che erano di natura cristologica e trinitaria, il problema era come si potesse intendere un Dio con una sola natura e tre persone diverse. Il concetto di persona serviva per individuare la realtà di un'unica natura con tre elementi di riferimento diversi. L'altro punto cristologico, era come si potesse concepire che il soggetto che aveva percorso i cammini della Palestina, di Israele, potesse avere due nature (umana e divina) e nello stesso tempo essere un solo soggetto. Il questo contesto fu elaborata l'idea di persona, che per se potrebbe sembrare chiara (diritti della persona, dell'uomo ecc.) e viene oggi utilizzata. Qui ci troviamo in presenza di questo problema, e l'idea di persona viene utilizzata in molteplici aspetti ma il primo è questo: il matrimonio, è il rapporto che si stabilisce tra un uomo e una donna, che una particolare finalità, però con il cristianesimo arriva l'idea che per poterne spiegare le intime esigenze è il rapporto tra due **persone**. L'uomo è una persona, la donna è una persona, si può stabilire un piano di uguaglianza, di piena simmetria tra uomo e donna? No, sulla mera simmetria, vuoi somatica o intellettuale, non si può essere uguali. A livello di persona però c'è una piena simmetria e si può dire che in quanto persone tutti gli essere umani sono uguali. Se poi dall'idea di persona ci allontaniamo, la simmetria non regge più.

Nel matrimonio però vengono fuori tutte le idee del sesso forte, sesso debole etc., ma se si coglie dell'essere umano la sua dimensione personale sono simmetrici. Il concetto di persona è proprio un concetto che allo stato puro non esiste, deve essere incarnato in una realtà (sesso, razza, religione, ecc), la persona è tutto ciò a cui si attribuiscono le specificità. Cos'è che caratterizza l'essere personale, dall'animale o dal vegetale?

L'animale è sottomesso all'istinto mentre la persona è libera, ma l'uomo non è libertà o intelligenza, perché queste si attribuiscono alla persona ma la persona non è questo. L'essere personale è il centro di attribuzione ultima di tutte le specificità. Gli esseri che mettono in essere il matrimonio non sono due realtà che mettono insieme qualcosa di loro, ma il loro essere personale. Questo comporta alcune conseguenze:

• I coniugi non mettono insieme una parte di loro stessi ma il loro essere personale. Si prende l'altro nell'interezza del suo essere ed è un'esigenza fondamentale del matrimonio cristiano. Il matrimonio è un rapporto oblativo in cui le parti danno l'interezza del proprio essere all'altro.

• Il matrimonio è frutto della capacità di comunicazione che è una capacità esclusiva dell'essere personale, che è capace di comunicare e non solo di avvertire la presenza dell'altro. Si trasferisce qualcosa di sé stesso all'altro, e si può fare raggiungendo livelli diversi. La più alta forma di comunicazione che si ha a livello personale è data dall'amore: all'altro sì da l'interezza del proprio essere. L'amore coniugale viene sviluppato all'interno dell'idea di persona per cui la forma più alta di amore si ha nel rapporto che Dio ha stabilito con gli uomini comunicando con essi attraverso suo figlio.

L'amore coniugale è un sentimento verso l'altro, ma non è detto che si stabilisce (amore inteso come *Caritas*). L'uomo si ferma all'intuizione dell'altro come sessualmente caratterizzato oppure può cogliere l'altro per la connotazione caratteriale e psicologica, e allora si va verso il "tipo" dell'altro, oppure si può pensare l'altro come oggetto da possedere, ma la forma è l'incontro dell'altro nella donazione di sé stessi e la comunicazione della propria persona: questo è l'amore coniugale. "Ama e fa *quo ti dis*".

Il diritto è un'esigenza intrinseca all'essere umano e nel matrimonio, e si esprime la parte più alta di sé stessi, mettendo in causa l'interezza del proprio essere personale, però l'amore non è semplicemente un sentimento, l'inclinazione, ma è pur sempre un atto della volontà per il quale l'uomo è fortemente indotto dalla sua inclinazione, ma è pur sempre un atto di volontà. Tutti gli atti dell'uomo sono governati dalla razionalità, non ci sono atti che stanno al di fuori della personalità. La ragione è il diritto dell'amore, ed ha i suoi contenuti che poi il diritto positivo svilupperà concretamente. Il rispetto dell'altro come persona significa che devo prendere l'altro nella sua interezza, perché così io non ho più niente da dare all'altro ed è qui l'unicità del matrimonio.

Il matrimonio è unico anche per la c.d. perpetuità dell'io, perché l'uomo cambia ma il proprio io rimane sempre lo stesso. "L'io" connota l'essere personale, quindi se io prendo l'altro come persona, devo prendermi carico della sua storia passata, del suo essere presente e del suo futuro.

Un altro aspetto è quello del consenso: due parti hanno le connotazioni personali e le inclinazioni ad amarsi ma il matrimonio non sorge se queste connotazioni non siano fatte oggetto di un atto di volontà, che si rifà nel consenso matrimoniale. Il consenso nella sua radice ultima trasforma in obbligo l'inclinazione naturale, *deducit in obligationem ipsam inclinationem naturale*. L'obbligo dedotto nel consenso matrimoniale è quello della coniugalità, quell'amore non è più un amore che sta nella vita delle parti, ma con il consenso quest'amore diventa un amore promesso.

P.es.: non solo io ti voglio bene, ma mi impegno a volerti bene. Quello che prima non era dovuto ora lo è; è un sentimento promesso e qui si instaura la giustizia con lo sviluppo del diritto positivo che dovrà regolare in forme razionali queste forme di giustizia intrinseche al rapporto coniugale. In questo senso si è sviluppata e continua a svilupparsi la dottrina canonica.

11.Segue: Matrimonio

Si parte dall'idea fondamentale che il matrimonio è un istituto di diritto naturale: la Chiesa non ha una sua ecclesiale idea di matrimonio. Assume l'idea di matrimonio così per come si trova nella natura, da Dio. Questa realtà è creata da Dio, quindi il matrimonio non è altro che una volontà di Dio: in principio li creò maschio e femmina. Questo segno naturale del matrimonio è stato elevato da Cristo a sacramento: non è una realtà del solo ordine naturale, ma è entrate anche nell'ordine della redenzione. E quell'istituito naturale del matrimonio che regola la vita sociale dell'uomo con cui si forma la comunità familiare. Il matrimonio diventa anche sacramento stabilito da Cristi per dare grazia particolare sacramentale alla persona. E' sacramento nel momento in cui è veramente matrimonio. La Chiesa ha sempre cercato di capire la vera natura di matrimonio in quanto solo il vero matrimonio può essere elevato a sacramento.

Il matrimonio deve essere con delle caratteristiche ben precise per poter avere effetti sacramentali, così si ritiene che il matrimonio come sacramento sia vero matrimonio. Se per l'Eucarestia il pane deve essere vero pane, ed il vino vero vino, allora il matrimonio deve essere vero matrimonio per essere sacramentale. Nel ca. 1055 si afferma che il patto matrimoniale con cui uomo e donna stabiliscono la comunità di tutta la vita ordinata al bene dei coniugi e della prole è stato elevando a sacramento da Cristo, e quindi tra battezzati non può sussistere valido contratto matrimoniale che non sia sacramento. Non è semplicemente un contratto ma un patto, con la presenza di fedus, col quale si dà una forte tradizione scritturistica e nelle lettere di San Paolo: "le mogli siano sottomessi ai mariti come gli uomini al Signore, e così anche i mariti devono amare la propria moglie come il proprio corpo …".

E' talmente importante il rapporto tra uomo e donna in quanto il rapporto figura il rapporto di Cristo con la sua Chiesa. Così come Cristo è unito indissolubilmente alla Chiesa, così uomo e donna sono indissolubilmente uniti. Il rapporto di Cristo con la Chiesa rappresenta il matrimonio, e quindi il matrimonio è Chiesa domestica. Come Cristo ama la Chiesa, l'uomo deve amare la propria moglie. Il matrimonio diventa davvero strumento di grazia e salvezza, figura della Chiesa stessa: la stessa alleanza c'è anche tra l'uomo e la donna. Con il matrimonio le parti stabiliscono un consortium totius vitae: un consorzio di tutta la vita e le parti stabiliscono tra di loro un patto. Consiste nella donazione di tutta la vita all'altra persona.

Il ripudio unilaterale viene proibito, quindi viene troncata la superiorità maschile. Il patto matrimoniale in quanto atto dà vita a questo consortium di piva per tutta la vita e viene elevato da Cristo a qualità di sacramento. I sacramenti sono mezzi istituiti da Cristo per santificare i momento della vita di ogni uomo: uno dei sette sacramenti è il matrimonio ed ogni sacramento concede una grazia specifica. Il matrimonio è tutto sacramento e non solo l'atto celebrativo matrimoniale. Tutta la vita dei coniugi è sacramento e non solo la celebrazione. Gli effetti sacramentali non si esauriscono alla sola celebrazione, ma fino allo scioglimento. Il matrimonio può produrre effetti in virtù di se stesso ma è necessaria la corresponsabilità di chi riceva il sacramento: ex opere operato ed ex opere operandi.

Il sacramento del matrimonio conferisce la grazia, ma se le parti mettono un ostacolo (obex) il sacramento non produce la grazia: se gli sposi non sono in grazia di Dio non vi è grazia in quanto viene posto un obex. Per produrre effetti è necessaria la grazia di Dio. E' previsto dal rito di matrimonio ma non è indispensabile lo scambio degli anelli (le fedi). Gli effetti dipendono quindi dalle condizioni che creino i due sposi: il matrimonio è valido ma la grazia di Dio è cosa a parte. Per i battezzati ogni matrimonio è sacramento: tra due battezzati non può sussistere matrimonio che non sia anche sacramento. Il matrimonio validamente celebrato è in se stesso sacramento per le parti. Ciò che fa il matrimonio è il consenso delle parti: anche senza testimoni può sussistere matrimonio. Anche se i battezzati si sono sposati al comune con l'intenzione di celebrare matrimonio come quello religioso allora sussiste anche matrimonio riconosciuto dalla Chiesa: per questo esiste la "sanatio" della Chiesa per riconoscere effetti sacramentali alla realtà naturale del matrimonio anche nel matrimonio semplicemente civile. Se vi sono i requisiti del matrimonio religioso, anche il matrimonio civile è riconosciuto. Fino al Concilio di Trento la Chiesa non aveva un suo rito matrimoniale in quanto il matrimonio era celebrato dalle sole parti. Le finalità sono: il bene dei coniugi e la generazione e l'educazione dei figli. Agostino ha scritto molto libri sul matrimonio ed ha apportato l'individuazione e le finalità positive del matrimonio. Questi tre beni sono: bonum prolis, fidei, sacramenti. La sterilità nascosta o l'impotenza nascosta è causa di nullità del matrimonio.

L'esclusione (perpetua) dei figli è causa di nullità del matrimonio in quanto si esclude uno dei bonum (prolis). Il bonum fidei è il bene della fedeltà, ed il bonum sacramenti in questo caso significa unità della parti. Il Can. 1056 si specifica che le proprietà essenziali del matrimonio sono l'unità e l'indissolubilità che nel matrimonio cristiano acquistano una particolare stabilità in ragione del sacramento.

Nella "gaudium et spes" si afferma: l'intima comunità di vita coniugale fondata dal creatore e organizzata con leggi proprie è sacramento ed ha lo scopo della generazione ed educazione della prole. Il matrimonio ha due proprietà essenziali che sono l'unità e l'indissolubilità che conferiscono al matrimonio stesso perfezione. Senza quelle caratteristiche il matrimonio non è matrimonio. In realtà è in rerum natura che ci devono essere i requisiti essenziali dell'unità e dell'indissolubilità. Dal punto di vista sociologico unità del matrimonio vuol dire rapporto monogamico in quanto è una donazione di se stessi. Se una parte la esclude dal suo consenso il matrimonio è nullo.

I cattolici che non hanno ancora ricevuto il sacramento della confermazione lo ricevano a meno che non vi sia grave incomodo (è conveniente ma non obbligatorio). La fedeltà non solo deve essere materiale ma anche spirituale: dedizione anima e corpo all'altra persona (non si deve commettere adulterio e non si deve desiderare di commettere adulterio).

12. Indissolubilità del matrimonio e casi di scioglimento

Proprietà del matrimonio: unità e indissolubilità come caratteristiche di ogni matrimonio.

Indissolubilità: è la formalizzazione giuridica della perpetuità del vincolo particolare, perché in se stesso il matrimonio è un istituto perpetuo e deriva dalla natura stessa del matrimonio, non è data per legge. In quanto donazione di una persona ad un'altra, donando l'Io che è sempre lo stesso, è per natura indissolubile. Nessuna potestà umana può sciogliere il matrimonio. Riferimento al Vangelo di S. Matteo: cap. 19, ci sono dei farisei che si avvicinano a Gesù e gli chiesero, è lecito ad un uomo ripudiare la propria moglie per qualsiasi motivo? Gesù ha risposto secondo la Genesi dicendo che Mosè ha permesso il ripudio per la durezza dei vostri cuori. Gesù rimanda ben due volte al principio, alla creazione, "da principio li creò maschio e femmina" – "da principio non fu così", si rifà all'istituto del matrimonio originariamente voluto da Dio. I farisei contestano, perché Mose, grande legislatore e grande santo aveva permesso questo ripudio unilaterale. Perché Mose lo permise? Gesù dice per la durezza del vostro cuore, l'umanità non era a quel tempo tanto matura da comprendere l'indissolubilità del matrimonio. Ai tempi di Mose il matrimonio era monogamico non c'era ne poligamia ne poliandria. Era chiara l'idea della monogamia ma non quella dell'indissolubilità come se l'umanità non fosse pronta a ricevere e comprendere la caratteristica originaria, iniziale che Dio ha voluto per il matrimonio. Dopo la maturazione morale avvenuta nei secoli, il matrimonio viene compreso ormai non solo come unico ma anche come indissolubile. La dispensa dalla legge, l'alsatio legis in casu particulari, non ha più ragion d'essere da una parte per la maturità che permette di capire l'indissolubilità, dall'altra perché con Cristo diventa sacramento e non solo istituto di diritto naturale e in quanto tale, Dio concede l'aiuto divino per vivere il matrimonio nella sua indissolubilità. Non si dà una legge impossibile da vivere, perché l'umanità è pronta per vivere il matrimonio, sia perché ha un aiuto per viverlo nella sua pienezza. Richiedere unità e indissolubilità non è impossibile, sia per comprensione con diritto naturale sia perché vi è l'aiuto della grazia. Brano della *"Gaudium et Spes"*, il salvatore viene incontro ai coniugi cristiani per vivere in pienezza il matrimonio. Cristo può ribadire che la dispensa di Mose non ha più ragion d'essere, si torna al principio.

Si pone un **problema** con l'ultima parte del Cap 19, v. 9 "perciò vi dico chiunque ripudia la propria moglie, se non in caso di concubinato, e ne sposa un'altra commette adulterio".

Per i *cattolici:* non si ammette un ripudio per due persone sposate per un'infedeltà, ma se due vivono come "coniugi di fatto", come concubini, l'uno può ripudiare l'altro perché non vi è matrimonio. Quindi alla base non c'è la celebrazione del matrimonio. L'unione di fatto viene chiamata concubinato, quindi vi è soltanto un rapporto di fatto non vincolante. Se due convivono si possono lasciare e non vi è adulterio perché non vi è matrimonio.   Per una semplice infedeltà ci si confessa e non si fa più (si autem veraciter agitur, *non* remitettur *peccatum*, nisi restituatur *ablatum)*

Ortodossi (cristiani e non cattolici – orientale) e Protestanti: se io sono sposato e commetto adulterio o mia moglie lo fa, sono comunque legittimato a ripudiare il coniuge. Hanno interpretato "concubinato" (in greco pornéia = unione illegittima) come "adulterio". Loro dicono "chiunque ripudia la propria moglie, se non in caso di adulterio, e ne sposa un'altra commette adulterio".

Unione illegittima, pornéia, per la chiesa cattolica è la convivenza di fatto, non l'adulterio. La proiezione orientale, luterana e in generale protestante acconsente allo scioglimento per adulterio. La chiesa cattolica ha affermato che il matrimonio è indissolubile per adulterio. Il vero matrimonio non può mai essere sciolto.

In realtà il matrimonio è indissolubile se è rato e consumato: validamente celebrato e consumato. Can. 1061 "Il matrimonio valido *tra* battezzati *si dice solamente* rato, *se non è* stato consumato; rato *e* consumato *se i* coniugi *hanno* compiuto *tra loro, in modo* umano, *l'*atto *per sé* idoneo *alla generazione della* prole, *al quale il* matrimonio *è* ordinato *per sua* natura, *e per il quale i* coniugi *divengono una* sola carne". *In questo canone "umano modo", significa che differentemente dall'atto dell'uomo viene compiuto dall'uomo come un'animale senza volontà, mentre l'atto umano è voluto dall'uomo. Ovviamente la consumazione deve avvenire dopo il matrimonio, se c'è stata prima non importa.*

In determinate circostanze il matrimonio rato e non consumato può essere sciolto.

Can 1141, nessuna causa eccetto la morte.

Can 1142 il matrimonio tra battezzati, o tra una parte battezzata e l'altra non può essere sciolto per giusta causa dal romano pontefice, anche se una sola parte lo vuole. Con lo scioglimento il matrimonio è valido ma non produce più effetti, è una sentenza costitutiva e non dichiarativa, sciolgo un vincolo matrimoniale valido. In questo caso è il matrimonio rato e non consumato. Per questa norma vi è una motivazione di carattere storico, infatti tra il XII e il XIII sec. Vi era una disputa teologico/giuridica sul momento perfezionativo del matrimonio (consenso/consumazione). Concretamente la scuola Bolognese, anche Graziano, affermavano che il matrimonio iniziava con il consenso e si perfezionava con la copula matrimoniale. In modo analogo ai contratti reali che si iniziano con il consenso ma si perfezionano con la consegna della cosa, nel matrimonio si ha la consegna dell'uno all'altro fisicamente. La scuola di Parigi affermava invece che il matrimonio si perfeziona solo con il consenso, quindi la copula, l'atto coniugale non è perfezionativo del matrimonio, ma è il consenso legittimamente espresso dalle parti che perfeziona il vincolo coniugale. Veniva riportata la fattispecie più nota di matrimonio perfezionato solo con il consenso, *che era quello tra S. Giuseppe e la Madonna. Alla fine nella diatriba tra le due scuole prevalse la scuola di Parigi (e le mogli la facevano vedere da lontano).*

Can 1157 in consenso è l'elemento che contiene l'efficacia causale dell'atto matrimoniale. Il matrimonio è perfetto anche con il solo consenso. Tuttavia è rimasta nella storia una sorta di ricordo della diatriba, per cui se da un lato si afferma il perfezionamento per solo consenso, dall'altro si ha un'unione solamente spirituale e non ancora materiale e quindi a determinate condizione il pontefice (vicario di cristo) può sciogliere l'unione che è solo spirituale e non materiale. Per la teologia si ha un perfezionamento con il consenso con una unità perfetta spirituale, ma i due saranno una carne sola soltanto con la consumazione. Vi è una perfezione spirituale e una materiale, due unioni. Il matrimonio è perfetto già con quella spirituale. Perché il pontefice può sciogliere questa unità spirituale e non ancora materiale? Perché ha la pienezza della potestà spirituale in quanto vicario di Cristo, e in questo caso agisce come tale. In quanto realtà meramente spirituale il matrimonio validamente celebrato ma non validamente consumato può essere sciolto dal romano pontefice spiritualmente. Perché è un atto della potestà vicaria di Cristo, perché si ha una realtà meramente spirituale, mentre se è consumato e i due sono una sola carne il pontefice non ha più alcun potere. Lo scioglimento del matrimonio rato e non consumato è espressione della pienezza della potestà spirituale del pontefice: Cap. 16 di S. Matteo.

In realtà vi sono altre due ipotesi particolari, (che il prof non chiamerebbe cause di scioglimento ma "ipotesi particolare" in cui il matrimonio in può essere "sciolto".

*Privilegio Petrino: riguarda i luoghi di missione e prevede l'ipotesi di uno non battezzato che abbia più mogli/mariti, e si converte al cristianesimo. Can. 1148 e seguenti. Es: mussulmano che ha più mogli e si converte al cristianesimo ed ha 3 mogli. In questo caso, la parte, per il principio fondamentale della chiesa cattolica di favor fidei- favore della fede (bisogna andare incontro alla parte che si converte, che ha fede), se riceve il battesimo ha valido solo il primo matrimonio e si sciolgono gli altri matrimoni. Si sciolgono ipso facto con la celebrazione del matrimonio canonico con la prima moglie/marito. La logica vuole che sia la prima moglie, ma da un lato può se è gravoso per lui o pericolo per la fede ne può scegliere un'altra, ma bisogna trovare secondo giustizia un accordo con le altre mogli che non può abbandonare, ma deve a queste garantire uno stile di vita alla loro situazione personale. Can. 1148 c. 3: L'*Ordinario *del* luogo, *considerata *la* condizione* morale, sociale *ed* economica *dei* luoghi *e delle* persone, curi *che sia* provveduto sufficientemente *alle* necessità *della prima* moglie *e delle altre licenziate (dimisse),* secondo *le* norme *della* giustizia, *della* carità cristiana *e dell'*equità naturale Obbligo di diritto naturale di "carità" cristiana. Si fa risalire più che a S. Pietro alla potestà ministeriale del Papa

Privilegio Paolino: Si fa risalire alla Lettera ai Corinzi cap. VII. Si ha un matrimonio monogamico tra due persone non battezzate, e Caia un giorno si battezza nella chiesa cattolica, in questo caso se a causa del battesimo la convivenza diventa impossibile o difficilmente sostenibile, il matrimonio può essere sciolto, ossia se come dice S. Paolo nella prima lettera ai Corinzi, la parte battezzata non può vivere "sine contumelia creatoris" (senza offendere Dio) il matrimonio può essere sciolto favor fidei. Se Tizio e Caia sono sposati non battezzati, Caia si battezza: il matrimonio si scioglie ipso facto perché la parte battezzata contrae matrimonio con Sempronio. Il vecchio matrimonio si scioglie per il nuovo matrimonio, ma prima di Sposarsi con Sempronio deve adempiere condizioni che verifichino che il matrimonio con Tizio non può proseguire "sine contumelia creatoris", quindi che la sua situazione di coniugio non diventi offesa a Dio. Per poter celebrare il nuovo matrimonio bisogna verificare che la convivenza sia diventata impossibile: la parte battezzata deve informare la parte non battezzata del suo battesimo e la parte non battezzata deve essere interpellata da parte dell'autorità ecclesiastica se lei stessa voglia battezzarsi. L'autorità ecclesiastica, nel caso interpella Tizio se non voglia battezzarsi. Puoi se non vuole battezzarsi l'autorità deve chiedere se vogliono coabitare pacificamente senza offendere il creatore. Se l'altra parte risponde negativamente a queste interpellanze, la parte è libera di sposarsi nuovamente. Il matrimonio è uno scioglimento sempre in favore della fede. Entrambi sono due possibilità di scioglimento del matrimonio in favor fidei.

13. Il consenso e gli impedimenti di diritto divino

"Matrimonium facit partium consensum" Can. *1057*, il consenso nasce dalle parti, sono le parti e i ministri del matrimonio. L'inscindibilità contratto/sacramento deriva da questo duplice ruolo delle parti. Il canone è chiaro, l'atto che costituisce matrimonio è il consenso delle parti manifestato da persone giuridicamente abili, e non può essere sostituito da nessuna potestà umana. Diverso è il *matrimonio per procura*, che esiste anche per il diritto

canonico: tizio e caia si devono sposare, tizio è in missione in Afganistan e delega Caio ad esprimere il suo consenso. Il delegato è solo per nome e conto del rappresentante, solo un nuncius. Tanto che si prevede che se dopo la delega, il delegante muore o perde la capacità per esprimere valido consenso, anche se il nuncius ha espresso il consenso quel consenso non è valido. Il consenso delle parti non può essere mai sostituito. Il consenso è insostituibile e deve essere epsresso tra persone capaci per il diritto e in modo legittimo.

Il *Contenuto* è espresso nel *Can. 1057 par. II*: il consenso matrimoniale è l'atto della volontà in cui uomo e donna con patto irrevocabile, danno e accettano reciprocamente se stessi per costituire matrimonio. Si descrive l'oggetto del patto coniugale, che non è altro l'uomo e la donna nella loro coniugalità, nelle naturali capacità sessuali vissute ai fini del matrimonio, l'oggetto è l'uomo in quanto uomo e donna in quanto donna. Come tutti gli atti della volontà deve essere preceduto dalla conoscenza, il soggetto deve conoscere l'oggetto del consenso: l'uomo e la donna nella loro coniugalità. Tutto ciò implica la partecipazione dell'intelligenza, che presenta alla volontà l'oggetto del volere stesso. Il consenso in quanto atto di volontà deve avere un suo contenuto minimo, l'oggetto del consenso sono i coniugi che si donano l'uno all'altro con patto irrevocabile, ma giuridicamente parlando qual è questo contenuto minimo? Quand'è che si può dire che l'oggetto presentato dalla volontà sia il legame coniugale? Cosa devo sapere del matrimonio per esprimere un consenso valido giuridicamente e moralmente? La volontà viene guidata dall'intelligenza, e bisogna anche avere una conoscenza adeguata dell'oggetto. Il codice di D.C. offre una descrizione del *contenuto minimo*: **can 1096**, il contenuto è minimo perché la Chiesa afferma che il matrimonio è un diritto inviolabile della persona e chiunque vi può accedere purchè ne abbia minima conoscenza, infatti è un istituto naturalmente conoscibile. "Perché possa esserci il consenso matrimoniale è necessario che i contraenti almeno non ignorino che il matrimonio è la comunità permanente tra uomo e donna ordinata alla procreazione della prole mediante la qualche cooperazione sessuale". Poiché la volontà è cieca deve essere guidata dall'intelligenza. Il matrimonio è la comunità permanente tra uomo e donna, non si richiede neanche l'indissolubilità, ma bisogna conoscere la permanenza, ossia una stabilità e durata di cui sono prive le relazioni transitorie. Viene inoltre stabilito che le persone sono di sesso diverso e che bisogna rivolgersi alla procreazione dei figli. L'istituto, bisogna che si sappia, è finalizzato alla procreazione della prole, anche se non si conosce l'atto copulativo, bisogna sapere che i figli nascono attraverso l''intervento degli organi genitali. Se le parti ignorano tutto questo il consenso non è valido. Questa ignoranza non si presume dopo la pubertà. Si ha una presunzione di conoscenza, presunzione iuris tantum (non iuris et de iure) che ammette prova contraria. Mancando queste conoscenze minime del matrimonio si ha la mancanza del consenso perché manca il presupposto intellettivo che permette di esprimere il consenso.

Capacità e Vizi del consenso: Il consenso crea il matrimonio ed è espresso dalle persone capaci per il diritto <u>in modo legittimo.</u> Ci sono alcune circostanze di fatto recepite dal diritto che impediscono la valida o lecita celebrazione del matrimonio. La presenza di impedimenti rende incapace una persona di esprimere un valido consenso, perché questo deve essere espresso da persone iure abiles. **Can 1073**: "l'impedimento rende la persona inabile a contrarre validamente matrimonio" alcuni sono di diritto divino altri di diritto ecclesiastico (questa espressione vuole significare il diritto umano, prodotto dal legislatore ancorché non previsto in odo specifico dal diritto divino). E' diritto divino, per esempio che il matrimonio nasca con il consenso delle parti, è diritto ecclesiastico che il consenso debba essere espresso in una forma specifica.

E' diritto divino che il matrimonio sia contratto da persone che abbiano raggiunto la pubertà per procreare, è diritto ecclesiastico, umano, che la pubertà sia 14 anni per la donna e 16 per l'uomo.

Alcuni di questi impedimenti sono di diritto divino altri di diritto ecclesiastico, con la conseguenza che alcuni sono dispensabili altri no, alcuni dispensabili dal vescovo o dal Pontefice. Quelli di diritto divino non possono essere dispensati. La differenza tra invalidità e illiceità, è che nel primo caso manca uno degli elementi essenziali del matrimonio e può essere dichiarato nullo o di fatto non produce i suoi effetti (per esempio nasce senza consenso), però il matrimonio come altri negozi del diritto canonico può essere valido perché contiene tutti i requisiti sostanziali, ma viene contratto con violazione di diritto umano con una illiceità che può essere sanata, per esempio il cattolico si vuol sposare con il luterano e deve chiedere il consenso del vescovo, ma è una norma di diritto umano, se viene violata comunque il matrimonio è valido anche se è illecito ma questa illiceità può essere sanata con ratifica. I singoli impedimenti di diritto divino:

Età: ha una sua formulazione di diritto umano, perché le persone non mature non possono celebrare validamente matrimonio perché non sono pronte alla generazione della prole. Il diritto formalizza l'immaturità presumendo l'invalidità sotto una determinata età. A questo riguardo il codice di diritto canonico, che formalizza il diritto divino con un limite oggettivo, specifica il fatto che le conferenze episcopali possono stabilire un'età diversa purchè sia eventualmente maggiore di quella stabilita e in Italia si è stabilito che sia 18 anni come diritto civile) restando possibile la delega con dispensa del vescovo mai sotto i 16 anni per entrambi i sessi (decreto sul matrimonio 1990).

Impotenza coeundi antecedente e perpetua: perché il matrimonio è un istituto destinato alla generazione dei figli con qualche cooperazione sessuale, è evidente che se vi è impotenza maschile o femminile non è valido. L'impotenza invalidante considerata è quella *coeundi* (copulativa) e non quella *generandi* (generativa). [Diverse sono sterilità e infertilità, la prima è l'incapacità di concepire, la seconda è l'incapacità di portare a termine il concepimento. Il diritto canonico non fa riferimento all'infertilità che è una situazione successiva, ma fa riferimento alla sterilità e non è motivo di invalidità tranne che vi sia dolo nel nasconderla.] L'impotenza deve essere *antecedente e perpetua*, ossia nata precedentemente al matrimonio e non può essere guarita in alcun modo. E' impedimento di diritto divino e in quanto tale non può essere dispensato, perché l'atto copulativo è necessario per la costituzione stessa del matrimonio. La nullità non è la mancanza dell'atto copulativo (rato e non consumato) ma devono essere idonee a consumarlo.

Vincolo o Legame: uno dei soggetti non ha lo stato liberto e per la chiesa è già coniugato, chi è legato dal vincolo di un matrimonio precedente. E' un impedimento di diritto divino, perché nel caso fosse violato si andrebbe contro all'unità del matrimonio. E' invalido il matrimonio di chi è legato da un vincolo matrimoniale ad altra persona. Quindi bisogna che si abbia lo stato libero per il diritto canonico. **Can 1085**: quantunque il matrimonio precedente sia per qualunque causa sia nullo o sciolto non per questo è lecito contrarne un altro prima che sia constatato con certezza lo scioglimento del precedente. Devo ottenere la sentenza di nullità conforme al precedente, quindi anche se ho ottenuto la sentenza di nullità, e io sono certo che è nullo, non posso sposarmi, ma il tribunale di secondo grado può rendere esecutiva la sentenza con stessa causa petendi, soggetti e oggetto. Deve essere oggettivamente dichiarato invalido nei due gradi di giurisdizione della chiesa. Quindi l'impedimento finché il matrimonio non viene dichiarato nullo dalla chiesa o viene meno una delle parti per morte naturale.

14.Impedimenti (segue)

Un altro impedimento è quello della *disparitas cultus*, che consiste nella diseguaglianza di culto: quando una persona battezzata nella chiesa cattolica intende sposarsi con un non cristiano, non battezzato. Per un matrimonio tra due cristiani di confessioni diverse è valide se è presente la licenza da parte del vescovo: invece in questo caso si parla di differenza nel culto principale. Senza la dispensa da questo impedimento non si può celebrare validamente matrimonio. In questo caso è necessaria una dispensa e non semplicemente una licenza, altrimenti si ha invalidità.

Se nel primo caso è necessaria una dispensa, in questo caso è necessaria la dispensa, ottenibile con alcuni adempimenti e taluni requisiti. I requisiti sono: la parte cattolico deve assumere il formale impegno di battezzare i figli nella chiesa cattolica (questa è la prima condizione), la parte non cattolica deve essere consapevole dell'impegno preso dalla parte cattolica, la parte non cattolica deve anche essere informata dei fini e le proprietà del matrimonio secondo la dottrina cattolica. Il vescovo quindi dispensa sulla base di questi adempimenti (almeno nelle intenzioni).

Sulla base di questi adempimenti, con tale dispensa il matrimonio è lecito e celebrato validamente. Nel secondo caso vi è la necessità della dispensa in quanto non vi è battesimo: il battesimo vi è per tutte le confessioni cristiane (o la maggior parte): il matrimonio con un cristiano è comunque valido. Il matrimonio tra non battezzati non p valido per la Chiesa Cattolica.

Il matrimonio tra due confessioni cristiane si chiama *"mixta religio"* e non è un impedimento. Nella Chiesa Cattolica vi possono essere differenze di rito, e questa differenza è interna a quella cattolica e quindi non è necessaria nessuna dispensa e nessuna licenza; cosa diversa è se la differenza interessa la confessione cristiana: anglicana, luterana, copta, siro-malabarita, etc.

Un altro impedimento è quello derivante dalla ricezione del sacramento dell'ordine: chi ha ricevuto il sacramento dell'ordine nella chiesa latina non può accedere al matrimonio, a meno che vi sia la dispensa da parte del Romano Pontefice. La persona che ha ricevuto il sacramento dell'ordine (nei suoi tre gradi) se non ha ricevuto dispensa da parte del Romano Pontefice. Da non confondere la perdita dello status clericale dalla dispensa dell'obbligo di celibato.

Un sacerdote che commette un certo tipo di reato nella chiesa è sospeso a divinis e non può esercitare il suo ministero a divinis: questa perdita non comporta la dispensa dall'obbligo: non può sposarsi validamente per il diritto canonico. Per avere la dispensa è necessario un altro atto giuridico differente dalla perdita del ministero. Il celibato è struttura della chiesa latina ma non anche orientale, e ciò interessa il diritto umano (così come il matrimonio di disparitas cultus o mixta religio). Se un diacono permanente rimane vedovo deve chiedere la dispensa della Santa Sede, quindi non vi è un diritto automatico a risposarsi in quanto elasticamente si estende completamente l'obbligo del celibato.

Bisogna distinguere dalla dispensa dai voti: la persona che ha emesso un voto pubblico perpetuo di castità non può validamente sposarsi se non vi è la dispensa. I sacerdoti secolari non assumo un voto, ma un impegno di sacerdozio. Il voto è un istituto giuridico preciso che comporta conseguenze giuridiche rilevanti. Chi emette un voto diventa religioso e la condizione giuridica è+ differente da quella di Ministro di culto. Sia aver emesso il voto pubblico di castità o l'ordine sacerdotale comporta la necessità della dispensa per contrarre validamente matrimonio.

Vi sono istituti religiosi approvati a livello diocesano, altri a livello pontifico, pertanto la dispensa va chiesta al titolare della iurisdictio sotto la quale si opera: il francescano (riconosciuto a livello pontificio) chiederà la dispensa al Papa; il religioso minore deve chiedere la dispensa dal voto pubblico perpetuo (e non quello temporaneo o semestrale) di castità al vescovo della propria diocesi.

Il matrimonio di chi ha emesso voti temporanei o semestrali è valido. Se il religioso è anche sacerdote deve chiedere dispensa sia per l'obbligo del celibato, sia dal voto perpetuo (o entrambi al Papa, o uno al Papa e uno al Vescovo). Alcuni religioso sono sacerdoti, altri no, ma solo i religiosi uomini possono essere anche sacerdoti. L'atto commesso in violazione dell'impegno sacerdotale è anche peccato. Il diritto canonico è molto elastico e permette la possibilità di conformare la situazione di diritto a quella di fatto, per sgravare la coscienza della persona dal punto di vista etico e religioso. La Chiesa pertanto esorta il religioso o il sacerdote a chiedere la dispensa in caso di stato di peccato, o di rientrare all'interno della condizione sacerdotale adempiendo agli impegni presi.

La perdita dello stato clericale è una sanzione, la dispensa in senso stretto non è un diritto della parte: la Chiesa potrebbe anche non concederla (se non ci fossero le condizioni per concederla) ma il vincolato deve comunque chiederla su esortazione della Chiesa. La Chiesa non concede la dispensa qualora essa non riscontri elementi tali per poter concederla. La Chiesa la concede per il bene del fedele, ma il sacramento dell'ordine è indelebile, quindi come si risolve? La dispensa non esclude il sacramento dell'ordine, ma divincola dall'obbligo di celibato. Il sacerdote dispensato vedovo può ritornare al sacerdozio, ma esiste pure un caso estremo: il sacerdote dispensato può confessare le persone prima di morire per caso fortuito (ancorché dispensato, sospeso a divinis, etc. in quanto scopo della Chiesa è la salvezza dell'anima).

Un altro impedimento è quello di *"ratto"* (impedimento di rapimento): il **Can. 1089** dice che: *non è possibile costituire valido matrimonio con una donna rapita ancorché in stato di rapimento a meno che la donna posta in stato di tranquillità e serenità e cessato lo stato di rapimento scelga volontariamente il matrimonio.*

Il rapimento deve essere a finalità di matrimonio e non un sequestro qualsiasi, ma in ogni caso il matrimonio è valido le sa sposa dopo il matrimonio conferma la volontà (in piena libertà) di mantenere il matrimonio (vi è convalida): è un impedimento dispensabile dal vescovo della diocesi (diritto umano). Se viene rapito l'uomo paradossalmente non vi è impedimento (subentrerebbe in caso l'impedimento di vizio, ma non di "ratto": timore, violenza, etc.). La dispensa non è riservata alla Santa Sede ma è riservata al Vescovo della Diocesi.

Un altro impedimento (di diritto umano) è da delitto: chi ha ucciso il marito di una donna non può sposarsi con essa, né tanto meno si può uccidere il proprio coniuge per sposarsi con un'altra: *"impedimentum criminis"*. La dispensa a riguardo è esclusiva dalla Santa Sede, ma è particolarmente grave, quindi la Santa Sede è restia a concederlo. L'omicidio deve essere ai fini del matrimonio, ma se l'omicidio non è ai fini del matrimonio allora non c'è questo impedimento. Quindi l'omicidio, così come il rapimento, deve essere in vista del matrimonio.

Un altro impedimento è quello di consanguineità: non possono contrarre matrimonio all'infinito i consanguinei in linea retta ascendenziale o discenziale. In linea collaterale è dispensabile fino al terzo grado. Per affinità non vi è impedimento. Il senso di questo impedimento è uno strumento tecnico per la tutela della famiglia (la dignità, le relazioni intime familiari, senza saturazioni, etc.). Nel codice del 1917 vi era una serie di impedimenti spirituali che adesso non esistono più: figliocci, padrini, figli dei coniugi ai quali si era testimoniato nel matrimonio.

Can. 1094: *non possono contrarre validamente matrimonio coloro che hanno contratto rapporto in linea retta, ma lo possono fare (con dispensa) in linea collaterale.*

Vi è pure l'impedimento di pubblica onestà al **Can 1093**.

L'impedimento è quell'inabilità alla contrazione di matrimonio. Le altre cause di incapacità del matrimonio si trovano dal **Can 1095** e **ss**: *Sono incapaci a contrarre matrimonio: coloro che mancano di sufficiente uso di ragione [colpiti da qualche infermità mentale al momento della prestazione del consenso mancanti di capacità transeunte (momentanea: p.es.: lucidità mancante per soggezione a stupefacenti o ubriachezza, o altro di natura mentale) o strutturale (Capacità naturale di "intendere" e di "volere") di esprimere un valido atto umano: volontaria], coloro che mancano di discrezione di giudizio sugli adempimenti matrimoniali da accettare, coloro che per natura psichica non possono assumere gli obblighi essenziali del matrimonio.*

Capacità consensuale: quando il soggetto non è capace di esprimere il consenso per cause psicologiche. Il legislatore canonico ha individuato un concetto giuridico quale la incapacità consensuale e tre tipologie giuridiche dove si evince la incapacità consensuale.

Se una persona manca delle capacità intellettive per essere padrone dei propri atti, l'atto è nullo.

15. Incapacità, difetti e vizi del consenso matrimoniale

Il consenso deve essere legittimamente espresso da persona *abilis*, ed il codice nel Can. 1095 esprime la figura giuridica dell'incapacità a contrarre il matrimonio. Vengono espresse delle anomalie psichiche che intaccano in maniera sostanziale la capacità di dare il consenso e di vivere il consenso dato. Non può contrarre matrimonio chi non ha un sufficiente uso di ragione quindi l'affetti di infermità mentale nel momento di contrarre matrimonio, quindi anche *transeunte*. La capacità di intendere e volere va verificata al momento di contrarre matrimonio. E' il consenso infatti l'atto conclusivo del matrimonio.

"Coloro che difettano gravemente di discrezione di giudizio circa i diritti e doveri matrimoniali essenziali da dare e accettare reciprocamente": questa è un'incapacità di decidere liberamente, una sorta di *libertas electionis* (libertà di scegliere liberamente), i due soggetti hanno un difetto grave della discrezione di giudizio, che sono incapaci di decidere. La prima parte del canone riguarda l'incapacità di comprendere il matrimonio mentre qui si parla di incapacità di decidere, riguardando non tanto gli elementi essenziali del matrimonio, quindi quando la persona è priva di intelligenza e maturità necessaria per comprendere quali sono i diritti e il doveri del matrimonio.

"Coloro che per cause di natura psichica non possono assumere gli obblighi essenziali del matrimonio": la differenza con il caso precedente è che in quello vi è l'impossibilità della *libertas electionis*, mentre nel secondo caso la scelta è stata fatta ma vi è l'incapacità di eseguire la scelta fatta. Manca la *libertas executionis*. Si tratta di malattie psicosessuali, ninfomania, satirismo, ad esempio con questi non si può vivere l'unità del matrimonio, la fedeltà coniugale. La malattia deve avere risvolti giuridici, infatti dopo essere stata valutata dal perito è il giudice che deve valutare se ciò è causa di incapacità, il giudice è *peritus peritorum*. Bisogna che vi sia gravità della malattia tale da rendere la persona incapace di assumere gli impegni del matrimonio. Inoltre l'incapacità deve essere assoluta e non relativa.

Sono incapacità che hanno tutte una loro origine psichica che devono avere rilievo giuridico, quindi la malattia deve influire di comprendere e/o di assumere gli impegni del matrimonio.

Errore: nel caso di errore ostativo però più che un vizio è un difetto, perché vi è mancanza totale di volontà. Can 124 e 126 "per la validità dell'atto giuridico si richiede che sia posto da persona abile e che in esso ci siano gli elementi per la validità dell'atto stesso. L'atto posto per ignoranza o per errore che verta intorno a ciò che ne costituisce la sostanza è nullo." L'errore sulla sostanza quindi rende nullo mentre l'errore non sulla sostanza lascia l'atto valido con la possibilità di annullarlo successivamente. L'errore che verta sulla sostanza dell'atto rende invalido l'atto stesso. Applichiamo la norma generale all'ambito matrimoniale: **Can 1097** dicendo che l'errore di persona rende invalido il matrimonio, l'errore circa una qualità di una persona non rende nullo il matrimonio eccetto che tale qualità sia intesa direttamente e principalmente.

L'errore sull'elemento sostanziale rende invalido il matrimonio, quello sulla qualità non lo rende invalido. In questa fattispecie rientra l'*error qualitatis redundans in error personam*: ipotesi non troppo comuni attualmente nelle latitudini occidentali in cui si conosce una persona non fisicamente, ma per una qualità (p.es.: la figlia del re). Si supplisce alla mancanza di conoscenza diretta tramite una conoscenza indiretta, che riguarda quella persona e non un'altra, che la rende irripetibile. Se io conosco una persona indirettamente attraverso la qualità identificativa, la voglio sposare ma ne sposo un'altra pensando fosse quella, il matrimonio è nullo. Il "modo diretto e principale" richiede che la volontà sia diretta essenzialmente alla qualità che ha l'altro, senza necessariamente essere sconosciuto. La qualità voluta forma un tutt'uno con il consenso, perché questo non è rivolto solo alla persona in quanto tale ma perché ha quella qualità. La differenza con la condizione è "io sposo Tizia perché è ricca", sono sicuro della sua ricchezza, non la sposo "se non è ricca". La difficoltà sta nel distinguere dalla condizione, premesso che si tratta di fattispecie non facilissime da distinguere le une dalle altre.

Condizione: il Can 1102 dice che "non si può contrarre validamente matrimonio sotto condizione futura", nel Diritto Civile la condizione si ha per non apposta, nel Diritto Canonico invece il matrimonio sotto condizione futura è nullo. Si parla di condizione propria se è futura e incerta, o impropria se futuro e certo o passato e incerto. Nel Diritto Canonico il matrimonio contratto sotto condizione è nullo. Il Can 1102 dice anche che "il matrimonio celebrato sotto condizione è valido o no a seconda che esista o no ciò su cui si fonda la condizione". Ci si può confondere con l'errore di qualità perché qui è "se", li è "perché". Nel secondo caso quel perché è la causa efficiente del consenso, perché nel caso di prima ad esempio, la ricchezza è stata assunta a condizione. Spesso le due ipotesi si cumulano per richiedere l'invalidità del matrimonio. La condizione propria rende nullo il matrimonio, mente la condizione impropria *de* *preterito* rende nullo il matrimonio a condizione che esista o meno il fatto posto a condizione. Per sposarsi sotto condizione bisogna avere il consenso del vescovo. L'Art. 122 Cod. Civ. dice che anche per la legge dello Stato l'errore sulla qualità non è essenziale tranne che si dimostri che è essenziale ai fini del consenso.

Dolo: è una forma aggravata di errore perché è un errore indotto volontariamente dalla *machinatio* di un'altra persona per contrarre matrimonio. La *machinatio* dell'ingannante deve essere preordinata al matrimonio. È dolo solo se la volontà è rivolta a contrarre matrimonio. Il Can 1098 dice che perché il matrimonio sia invalido, deve comunque riguardare una qualità che può perturbare la qualità di vita coniugale (come la sterilità che è causa di nullità se è indotta dolosamente). Deve essere una qualità gravemente perturbativa della convivenza matrimoniale. Deve essere da un lato oggettivamente grave e d'altro canto la realtà dei soggetti. Il dolo è pur sempre una modalità di errore, ma indotto con raggiri da un altro soggetto ai fini di contrarre matrimonio e quindi avere riguardo ad una qualità che può gravemente turbare la vita coniugale.

Violenza: il Can 1103 dice che la minaccia deve venire dall'esterno; se io mi ossessiono ma non c'è nessun reale atto esterno che induca questo stato di timore, ma lo auto induco, il matrimonio è valido. Il timore non deve essere fatto apposta per sposarmi ma basta che io veda il matrimonio come unica via per liberarmi (il padre di Tizia, vuole che io gli saldi un debito, allora io mi sposo Tizia e si scorda il debito). La violenza mi crea un timore per liberarmi della quale io penso sia necessario sposarmi, poi magari non è finalizzata al matrimonio. Ovviamente deve riguardare una paura per causa umana, non per causa naturale o esterna. Stessa cosa è il timore reverenziale grave, ma in quanto tale però non è causa di nullità, perché mi sono creato io la causa di timore, senza che dall'esterno ci siano state pressioni.

16.Incapacità, difetti e vizi del consenso matrimoniale

Il consenso deve essere legittimamente espresso da persona *abilis*, ed il codice nel Can. 1095 esprime la figura giuridica dell'incapacità a contrarre il matrimonio. Vengono espresse delle anomalie psichiche che intaccano in maniera sostanziale la capacità di dare il consenso e di vivere il consenso dato. Non può contrarre matrimonio chi non ha un sufficiente uso di ragione quindi l'affetti di infermità mentale nel momento di contrarre matrimonio, quindi anche *transeunte*. La capacità di intendere e volere va verificata al momento di contrarre matrimonio. E' il consenso infatti l'atto conclusivo del matrimonio.

"Coloro che difettano gravemente di discrezione di giudizio circa i diritti e doveri matrimoniali essenziali da dare e accettare reciprocamente": questa è un'incapacità di decidere liberamente, una sorta di *libertas electionis* (libertà di scegliere liberamente), i due soggetti hanno un difetto grave della discrezione di giudizio, che sono incapaci di decidere. La prima parte del canone riguarda l'incapacità di comprendere il matrimonio mentre qui si parla di incapacità di decidere, riguardando non tanto gli elementi essenziali del matrimonio, quindi quando la persona è priva di intelligenza e maturità necessaria per comprendere quali sono i diritti e il doveri del matrimonio.

"Coloro che per cause di natura psichica non possono assumere gli obblighi essenziali del matrimonio": la differenza con il caso precedente è che in quello vi è l'impossibilità della *libertas electionis*, mentre nel secondo caso la scelta è stata fatta ma vi è l'incapacità di eseguire la scelta fatta. Manca la *libertas executionis*. Si tratta di malattie psicosessuali, ninfomania, satirismo, ad esempio con questi non si può vivere l'unità del matrimonio, la fedeltà coniugale. La malattia deve avere risvolti giuridici, infatti dopo essere stata valutata dal perito è il giudice che deve valutare se ciò è causa di incapacità, il giudice è *peritus peritorum*. Bisogna che vi sia gravità della malattia tale da rendere la persona incapace di assumere gli impegni del matrimonio. Inoltre l'incapacità deve essere assoluta e non relativa.

Sono incapacità che hanno tutte una loro origine psichica che devono avere rilievo giuridico, quindi la malattia deve influire di comprendere e/o di assumere gli impegni del matrimonio.

Errore: nel caso di errore ostativo però più che un vizio è un difetto, perché vi è mancanza totale di volontà. Can 124 e 126 "per la validità dell'atto giuridico si richiede che sia posto da persona abile e che in esso ci siano gli elementi per la validità dell'atto stesso. L'atto posto per ignoranza o per errore che verta intorno a ciò che ne costituisce la sostanza è nullo." L'errore sulla sostanza quindi rende nullo mentre l'errore non sulla sostanza lascia l'atto valido con la possibilità di annullarlo successivamente. L'errore che verta sulla sostanza dell'atto rende invalido l'atto stesso. Applichiamo la norma generale all'ambito matrimoniale: **Can 1097** dicendo che l'errore di persona rende invalido il matrimonio, l'errore circa una qualità di una persona non rende nullo il matrimonio eccetto che tale qualità sia intesa direttamente e principalmente.

L'errore sull'elemento sostanziale rende invalido il matrimonio, quello sulla qualità non lo rende invalido. In questa fattispecie rientra l'*error qualitatis redundans in error personam*: ipotesi non troppo comuni attualmente nelle latitudini occidentali in cui si conosce una persona non fisicamente, ma per una qualità (p.es.: la figlia del re). Si supplisce alla mancanza di conoscenza diretta tramite una conoscenza indiretta, che riguarda quella persona e non un'altra, che la rende irripetibile. Se io conosco una persona indirettamente attraverso la qualità identificativa, la voglio sposare ma ne sposo un'altra pensando fosse quella, il matrimonio è nullo. Il "modo diretto e principale" richiede che la volontà sia diretta essenzialmente alla qualità che ha l'altro, senza necessariamente essere sconosciuto. La qualità voluta forma un tutt'uno con il consenso, perché questo non è rivolto solo alla persona in quanto tale ma perché ha quella qualità. La differenza con la condizione è "io sposo Tizia perché è ricca", sono sicuro della sua ricchezza, non la sposo "se non è ricca". La difficoltà sta nel distinguere dalla condizione, premesso che si tratta di fattispecie non facilissime da distinguere le une dalle altre.

Condizione: il Can 1102 dice che "non si può contrarre validamente matrimonio sotto condizione futura", nel Diritto Civile la condizione si ha per non apposta, nel Diritto Canonico invece il matrimonio sotto condizione futura è nullo. Si parla di condizione propria se è futura e incerta, o impropria se futuro e certo o passato e incerto. Nel Diritto Canonico il matrimonio contratto sotto condizione è nullo. Il Can 1102 dice anche che "il matrimonio celebrato sotto condizione è valido o no a seconda che esista o no ciò su cui si fonda la condizione". Ci si può confondere con l'errore di qualità perché qui è "se", li è "perché". Nel secondo caso quel perché è la causa efficiente del consenso, perché nel caso di prima ad esempio, la ricchezza è stata assunta a condizione. Spesso le due ipotesi si cumulano per richiedere l'invalidità del matrimonio. La condizione propria rende nullo il matrimonio, mente la condizione impropria *de preterito* rende nullo il matrimonio a condizione che esista o meno il fatto posto a condizione. Per sposarsi sotto condizione bisogna avere il consenso del vescovo. L'Art. 122 Cod. Civ. dice che anche per la legge dello Stato l'errore sulla qualità non è essenziale tranne che si dimostri che è essenziale ai fini del consenso.

Dolo: è una forma aggravata di errore perché è un errore indotto volontariamente dalla *machinatio* di un'altra persona per contrarre matrimonio. La *machinatio* dell'ingannante deve essere preordinata al matrimonio. È dolo solo se la volontà è rivolta a contrarre matrimonio. Il Can 1098 dice che perché il matrimonio sia invalido, deve comunque riguardare una qualità che può perturbare la qualità di vita coniugale (come la sterilità che è causa di nullità se è indotta dolosamente). Deve essere una qualità gravemente perturbativa della convivenza matrimoniale. Deve essere da un lato oggettivamente grave e d'altro canto la realtà dei soggetti. Il dolo è pur sempre una modalità di errore, ma indotto con raggiri da un altro soggetto ai fini di contrarre matrimonio e quindi avere riguardo ad una qualità che può gravemente turbare la vita coniugale.

Violenza: il Can 1103 dice che la minaccia deve venire dall'esterno; se io mi ossessiono ma non c'è nessun reale atto esterno che induca questo stato di timore, ma lo auto induco, il matrimonio è valido. Il timore non deve essere fatto apposta per sposarmi ma basta che io veda il matrimonio come unica via per liberarmi (il padre di Tizia, vuole che io gli saldi un debito, allora io mi sposo Tizia e si scorda il debito). La violenza mi crea un timore per liberarmi della quale io penso sia necessario sposarmi, poi magari non è finalizzata al matrimonio. Ovviamente deve riguardare una paura per causa umana, non per causa naturale o esterna. Stessa cosa è il timore reverenziale grave, ma in quanto tale però non è causa di nullità, perché mi sono creato io la causa di timore, senza che dall'esterno ci siano state pressioni.

17.Processo matrimoniale canonico

Il Can 1134 dice che dalla valida celebrazione del matrimonio sorge tra i coniugi un vincolo di sua natura perpetuo ed esclusivo. Il canone ribadisce il carattere indissolubile ed unico del matrimonio cristiano. Nonché la grazia speciale che il sacramento conferisce ai coniugi nel matrimonio cristiano viene messa in evidenza assieme alla dignità del loro stato, come a significare che essere sposati nella Chiesa non è una condizione giuridica inferiore a quella del sacerdote, ma tutte le condizioni nella chiesa sono dignificanti e possono essere cammino di santità. Il matrimonio in quanto tale è una condizione giuridica santificante in quanto sacramento e permette la santificazione dei coniugi all'interno della Chiesa al pari del Papa. L'importante è che il matrimonio sia un vincolo perpetuo ed esclusivo: unicità ed indissolubilità. Tra gli altri effetti viene ribadito il diritto e dovere alla comunità di vita coniugale, come conseguenza del fatto che dal matrimonio nasce un vincolo unico ed indissolubile e nasce una comunità coniugale, vivendo insieme con una comunità di spirito e di intenzioni. Altro dovere è il diritto e dovere di educare i figli eventualmente inviati dal Signore nel matrimonio. Oltre all'amore reciproco tra gli sposi vi è il diritto e dovere di educare i figli fornendo loro un'educazione morale e religiosa "*gravissimum officium, primarium ius*". Questi sono tra i diritti e doveri fondamentali che nascono come conseguenza morale e spontanea del matrimonio compreso come *foedus,* comunità di vita unica e perpetua.

Nel nostro ordinamento il divorzio è un istituto in soccorso delle crisi matrimoniali. Nella Chiesa invece ci sono casi di scioglimento, ma sono dovute al favore della fede o in caso di matrimonio rato e non consumato. Però la Chiesa riconosce la separazione, infatti il matrimonio rato e consumato può essere sciolto con la morte: è però possibile la separazione tra i coniugi. Vi è diritto e dovere di conservare la convivenza coniugale ma d'altro canto vi sono cause che legittimano la separazione dei coniugi: se uno dei coniugi compromette gravemente il bene spirituale o materiale dell'altro coniuge o della prole questo costituisce un motivo legittimo di separazione. Quindi quando venga leso il bene materiale o spirituale di uno dei coniugi si può chiedere la separazione, ma solo per quanto riguarda la convivenza e non del vincolo. La causa legittimante è il rischio per la vita materiale o spirituale di uno dei coniugi o della prole. La regola generale è che la separazione venga ordinata dal vicario del luogo, dal vescovo, che legittima le parti a sospendere la convivenza coniugale tramite un processo che si conclude con un decreto. Le parti sono legittimate a separarsi però il vincolo rimane, quindi la separazione non fa venir meno i vincoli matrimoniali: permangono i doveri come la fedeltà, l'educazione dei figli etc. L'unico diritto e dovere che viene meno è quello della convivenza coniugale, ma tutti gli altri diritti e doveri permangono. Naturalmente qualora sia cessata la causa della separazione è giusto che venga restituita la convivenza. Per quanto riguarda l'Italia, l'accordo dell'84 come il concordato del '29 prevede che le cause di separazione tra i coniugi la Chiesa consente che siano trattate dai tribunali civili. La Chiesa consente che le cause di separazione possano non essere trattate dal tribunale ecclesiastico ma dal tribunale civile, e così la sentenza è valida anche per la Chiesa. Se sono separati per lo Stato lo sono anche per la chiesa. Anche la riconciliazione civile ha effetti per la Chiesa.

Il matrimonio canonico è unico ed indissolubile e l'unico rimedio alle crisi coniugali è la separazione tra le parti, con diritti e doveri che permangono. Se il matrimonio canonico non conosce cause di divorzio c'è il processo che verifica la validità del vincolo coniugale, il valido conferimento del sacramento. La validità è importante perché si parla di sacramento, e quindi come tale di uno strumento di santità per gli sposi. E' importante verificare se è necessaria l'esistenza o meno del sacramento del matrimonio e per questo vi è un processo giurisdizionale.

Il primo giudice della Chiesa è il Papa: *primum nemine iudicarur*. Lui esercita la sua attività giurisdizionale tramite l'assegnatura apostolica e la Rota Romana. Per le singole diocesi il vescovo ha potestà giurisdizionale che spesso la dà in potestà vicaria al vicario giudiziario della diocesi. Quindi il primo grado è il vescovo; secondo grado è il tribunale d'appello della Diocesi Metropolitana; terzo grado sono i tribunali dell'assegnatura apostolica (competenza amministrativa e di legittimità) e della Rota che può essere anche di secondo grado (*appellatio per saltus*). In Italia vi è una differente giurisdizione, perché per quanto riguarda il matrimonio in Italia sono state create 18 regioni ecclesiastiche conciliari che delimitano il territorio di competenza di un tribunale regionale competente per le sole cause matrimoniali. Per tutte le cause matrimoniali è competente il tribunale regionale: vi sono due tipi di tribunali ecclesiastici in Italia, il tribunale ecclesiastico della diocesi e quello regionale competente unicamente per le cause matrimoniali. I tribunali regionali possono avere sedi distaccate come Palermo ha sede distaccata a Catania. Questo per il primo grado. Anche per le regioni a prelatura *nullius* dipendono in questo caso sempre dal tribunale regionale.

Il secondo grado: vi sono tribunali regionali che costruiscono l'appello per altri tribunali regionali (per Palermo è Napoli), fermo restando la possibilità di appello per *saltus* direttamente alla Rota. Le sentenze che riguardano lo *status* giuridico del Diritto Canonico non passano mai in giudicato, ma non vuol dire che non siano mai esecutive perché diventano tali quando la seconda sentenza è uguale per soggetti *petitum* e *causa petendi*. Nel diritto processuale canonico il secondo grado può essere semplificato, se la nullità risulta in modo in equivoco dai documenti, in secondo grado deve esserci un processo che ratifichi il primo grado: io mi sposo ma con un positivo atto di volontà escludo la fedeltà coniugale e metto nero su bianco questo mio positivo atto di volontà confezionando una lettera da consegnare ad un notaio o altro pubblico ufficiale. Nel momento in cui chiedo nullità tiro fuori la lettera e si esclude il *bonum fidei* e il processo è nullo su un documento inoppugnabile, quindi il secondo grado diventa solo una seconda conferma di conformità ed il giudice istaura un processo "semplificato" in cui ratifica solo la nullità di primo grado e quindi con decreto e non con sentenza statuisce la nullità del matrimonio.

Bisogna anche vedere qual è il tribunale competente per la presentazione del libello: il criterio principale è quello del luogo della celebrazione ossia il tribunale del luogo in cui è stato celebrato il matrimonio. Però la chiesa per facilitare presenta anche altri criteri: luogo del domicilio della parte convenuta, criterio del tribunale del luogo dove si possono riscontrare più prove relative al processo (se nel processo civile è importante la verità formale in quello canonico è importante la verità sostanziale).

Questi criteri posso essere scelti dalle parti indifferentemente purché la scelta sia giustificata. I criteri devono essere rispettati ma vi è libertà di scelta dell'attore di incardinare la causa in uno qualsiasi dei tribunali individuati in uno qualsiasi dei criteri. Ovviamente il convenuto si può ribellare e il tribunale decide se accettare *in limine litis* se declinare o accettare la propria competenza: Can 1673.

La domanda di nullità può essere posta dagli sposi e dal **difensore del vincolo** la cui funzione è di addurre gli elementi a difesa del vincolo matrimoniale. E' una figura pubblica perché è una sorta di controparte nel processo, è un soggetto terzo, non un giudice, e deve addurre tutti i motivi che vi sono per cui il vincolo che io denuncio è invece valido tra le parti. Adduce degli elementi di opposizione alla nullità del matrimonio stesso. Questo compito vi è anche il **promotore di giustizia** presso i tribunali: è un vero e proprio PM, tutela che le relazioni all'interno della diocesi si svolgano con giustizia, infatti lui ha diritto ad impugnare il matrimonio, ad esempio se manca la delega del parroco a far celebrare il matrimonio ad altro sacerdote.

La causa viene introdotta mediante un *libello* (come nel Diritto Romano) che equivale all'atto di citazione o al ricorso. C'è un atto in cui vengono esposti i motivi principali di fatto e di diritto per cui viene legittimata la richiesta di nullità del matrimonio e questa viene presentata al giudice competente nel territorio. Il giudice una volta verificata la propria competenza deve verificare se è possibile convalidare il matrimonio (eventualmente se si può avere la *sanatio* come la mancanza di delega, un vizio di forma). Prima di incardinare il processo di nullità, prima di accettare il libello il giudice controlla la propria competenza e la possibilità di sanare la causa salvaguardando il matrimonio. Una volta che il libello viene accettato viene notificata alla controparte l'introduzione della causa. Viene notificato un decreto di citazione alla parte convenuta e si dà luogo alla prima parte del contendimento: la *litis contestatio* in cui il giudice insieme agli avvocati delle parti formula esplicitamente qual è il punto di diritto che si vuole risolvere, la formula del dubbio, il motivo di diritto e di fatto su cui verterà il procedimento. Se la parte non si presenta si va anche in contumacia. Se Tizio vuole annullare il matrimonio per simulazione unilaterale presenta il libello al giudice, il giudice verificando la competenza e l'impossibilità di *sanatio* cita la parte convenuta che può presentare motivi di fatto o di diritto per essere d'accordo o meno, così si convocano gli avvocati delle parti e questi insieme al giudice formulano la litis contestatio chiedendo per esempio "la nullità in via principale per incapacità consensuale e in via subordinata per simulazione".

Si esplicitano così i *capita nullitatis* ossia i motivi per cui in modo esplicito la nullità di quel matrimonio. Se una parte è contumace la *litis contestatio* si ha comunque purché sia stata notificata l'introduzione della causa.

La Fase istruttoria precede la causa di discussione e decisione. Innanzitutto si ha l'assunzione delle prove: *iusta allegata et provata partium*. Si ha il libero interrogatorio delle parti, interrogate dal giudice, ci possono essere dei documenti, delle perizie (anche *ex post*), prove testimoniali. La fase istruttoria è la fase in cui il giudice raccoglie testimonianze sulla base di interrogatori ecc, e il giudice ha anche un ruolo attivo, non si limita passivamente a raccogliere le prove delle

parti, infatti ha il compito di giungere alla verità
sostanziale e non solo formale. Se ritiene di non avere
prove sufficienti per emanare un giudizio, ha un potere
dispositorio, ossia può intervenire per assumere lui
stesso determinate prove, magari non addotte dalle
parti perché quella che va ricercata è la verità.

E' un potere che un giudice civile non ha: il
giudice canonico non può addurre la propria scienza
ma può addurre delle prove per raggiungere la verità.
Per esempio se il testimone fa riferimento ad una terza
persona che non è addotta tra le prove, e il giudice può
chiedere che quella persona testimoni, lo stesso varrà
per un documento, per giungere alla piena cognizione
della verità. Una volta accolte le prove si conclude la
fase istruttoria mediante un decreto. Si ha la fase di
discussione essenzialmente scritta. Terminata la fase di
discussione si aggiunge la fase della decisione,
solamente quando il giudice ha la certezza morale della
verità raggiunta: ossia che è possibile che la verità sia
un'altra ma è improbabile che la verità sia un'altra, non
si richiede una verità metafisica, assoluta. Enuncerà la
sentenza solo quando giunge a definire per sua
coscienza che è possibile una risposta diversa ma è
improbabile una risposta diversa (è possibile che il
matrimonio che dichiaro nullo sia valido ma è
improbabile che lo sia). *Can 1608* "per pronunciare
una sentenza si richiede nell'animo del giudice la

certezza morale su quanto deve" etc. se il giudice non raggiunge certezza morale deve prosciogliere la parte convenuta, ossia se l'attore chiede nullità e il giudice non raggiunge certezza sulla nullità deve pronunciarsi per la validità del matrimonio. Quindi, si deve raggiungere quella certezza morale che pur non escludendo la possibilità di una certezza diversa è verosimile che la risposta, la sentenza corrisponda a verità. E' la certezza tale da eliminare ogni dubbio verosimile. Si può avere la certezza quando nel proprio animo si eliminano i dubbi contrari che siano reali a quanto deciso.

Una volta emanata al sentenza c'è la possibilità dell'**appello**, che può essere impugnato innanzitutto dalla parte soccombente in via facoltativa, mentre ha obbligo di impugnare la sentenza di nullità il difensore del vincolo. Se nell'appello viene proposto un'altro vincolo di nullità (ad esempio: io faccio appello alla prima sentenza adducendo un motivo di errore sulla qualità e il processo ovviamente si trasforma), si può concludere con sentenza che da una parte dichiara la nullità del matrimonio anche per precedente motivo in via principale e in via subordinata per l'errore sulla qualità, e in quest'ultimo caso si ha un giudizio in prima istanza. La parte attrice può porre il ricorso sia per far valere tramite seconda sentenza, sia per motivi di coscienza quando la sentenza è stata emanata per inganno, per prove false da essa formulate. Questo per il principio della salvezza dell'anima, per cui ognuno può pentirsi, e poi perché si cerca la verità sostanziale e non solo quella formale. In caso di falsa testimonianza c'è atto di spergiuro punito con sanzioni canoniche che non rilevano direttamente nel processo.

Una volta emanata la sentenza di secondo grado, se essa è conforme alla prima, è esecutiva e il matrimonio risulta come mai esistito, perché si ha una sentenza dichiarativa di nullità e gli effetti retroagiscono al momento della celebrazione. La sentenza non passa mai in giudicato e quindi può essere appellata alla sentenza di secondo grado in qualsiasi momento ma con dei limiti: le sentenze canoniche di nullità o validità matrimoniale non passano mai in giudicato ma non possono essere appellate in qualsiasi motivo, infatti si può adire il tribunale superiore adducendo nuove e gravi prove. La rota ad esempio, prima di giudicare in terzo grado effettua un giudizio preventivo che verifica che i motivi addotti siano *fumus novi iuri*, che siamo gravi ossia che in base ad un giudizio prognostico di valutazione preventiva possano condurre ad una sentenza di tenore differente da quella emanata precedentemente.

Prima di essere ammessa al terzo, quarto, etc., grado di giurisdizione il giudice deve delibare la gravità della prova. Il giudizio del giudice è prognostico, di previsione, non è detto che il processo termini con una decisione diversa, basta infatti la valutazione della gravità della prova tale da indurre a dare un giudizio diverso da quello dato precedentemente. Il giudice *in limine litis* deve delibare la gravità e la novità della prova. In questo caso il Diritto Canonico non parla in senso stretto di appello ma di nuova proposizione della causa.

Sommario